Der kleine

NACHHALTIGKEITS-
GUIDE

Ganz einfach
die Welt verbessern

Harriet Dyer

arsEdition

Der kleine
NACHHALTIGKEITS-
GUIDE

Harriet Dyer

arsEdition

Titel der Originalausgabe:
The Little Book of Going Green
Copyright © Summersdale Publishers Ltd., 2018
All Rights Reserved.
Published by arrangement with Summersdale Publishers Ltd.

Deutsche Ausgabe:
© 2019 arsEdition GmbH, Friedrichstr. 9, 80801 München
Alle Rechte vorbehalten

Übersetzung aus dem Englischen und
redaktionelle Anpassung: Claudia Lenz
Covergestaltung: arsEdition GmbH
Satz Innenteil: Daniela Schulz
ISBN 978-3-8458-3438-2
1. Auflage

www.arsedition.de

INHALT

WIR HABEN VERGESSEN, WIE WIR GUTE GÄSTE SIND; WIE WIR, ÄHNLICH WIE ANDERE ERDBEWOHNER, SANFT AUF DER ERDE WANDELN.

Barbara Ward

EINFÜHRUNG

Die Auswirkungen des Menschen auf den globalen Klimawandel mit allen Folgeerscheinungen sind, evolutions- und ideengeschichtlich betrachtet, erst vor relativ kurzer Zeit erkannt und in ihrem ganzen Ausmaß verstanden worden. Einer der wichtigen Wegbereiter der frühen Klimaforschung ist der schwedische Wissenschaftler Svante Arrhenius, dessen 1896 veröffentlichte Arbeit den Anstoß gab, negative Auswirkungen fossiler Brennstoffe auf den Planeten überhaupt in Erwägung zu ziehen. Er erkannte die Bedeutung von Kohlendioxid und die Möglichkeit, dass dieser Stoff die Erdatmosphäre erwärmen kann. Doch erst in den 1950er-Jahren, als verbesserte wissenschaftliche Verfahren zur Verfügung standen, konnten Forscher zuverlässige Daten erhalten, um diese Vermutungen zu bestätigen. Im Jahr 1988 gründeten die Vereinten Nationen das »Intergovernmental Panel on Climate Change« (IPCC), in Deutschland oft als »Weltklimarat« bekannt, als zwischenstaatliche Institution. Diese fasst den Stand der wissenschaftlichen Forschung zum Klimawandel unabhängig zusammen und wertet entsprechende, aktuelle Studien aus. Forschungen zum Klimawandel werden aktuell weiter betrieben, doch ist es nach naturwissenschaftlichem, technischem und sozioökonomischem Forschungsstand längst erwiesen, das die Klimaveränderung unseres Planeten eines der großen Probleme unserer Zeit darstellt.

Bis zur Mitte des 18. Jahrhunderts war die Hauptbrennstoffquelle Holz – eine erneuerbare Energiequelle aus Biomasse –, auch wenn Kohle für unterschiedliche Zwecke verwendet wurde. Die Industrielle Revolution, beginnend mit der zweiten Hälfte des 18. Jahrhunderts, führte zu großen Umwälzungen – gesellschaftlich, wirtschaftlich und sozial. Kohle überholte Holz als primäre Energiequelle und die Weltbevölkerung wuchs für damalige Verhältnisse enorm, sodass eine größere Nachfrage nach Heiz- und Energiequellen entstand. Von diesem Zeitpunkt an gab es kein Zurück mehr; die Menschheit, immer auf der Suche nach neuen Energiequellen und Rohstoffen, entdeckte später fossile Brennstoffe wie Öl und Erdgas. Dem Fortschritt geschuldet, haben wir leichtfertig, ohne anfangs zu ahnen – oder wissen zu wollen –, welche Folgen dies haben könnte, über Jahrzehnte hinweg giftige Chemikalien und Gase in die Luft abgelassen. Die Folge: der Treibhauseffekt und die daraus resultierende globale Erwärmung.

Obwohl viele Menschen sich der Schäden bewusst sind, die dem Planeten durch den menschlichen Fortschritt zugefügt werden, versuchen nur wenige aktiv diese Entwicklung zu stoppen. Konsum ist zu einem zentralen Punkt unseres Daseins geworden: Vieles ist selbstverständlich für uns, seien es Fernreisen oder der Besitz neuester technologischer Innovationen bis hin zum neuen, noch größeren Auto. Selbstverständlich ist der Kauf billiger und oftmals unter prekären Bedingungen hergestellter Kleidung, mehr als wir tatsächlich benötigen und in unsere Kleiderschränke passt. Selbstverständlich sind günstiges Fastfood rund um die Uhr, Pendeln zur Arbeit oder einfach das Einschalten der Heizung beim kleinsten Anzeichen von Kälte. Für alles ist schnell ein Knopf gedrückt, das Smartphone befragt und die App bedient.

Wir stecken den Kopf in den Sand. Wir widmen uns kaum der Frage, wie wir unser Leben zum Wohle des Planeten vielleicht verändern könnten. Wir sollten uns nicht darauf verlassen, dass nur andere Verantwortung für Verbesserungen übernehmen – jeder von uns sollte sich verantwortlich fühlen, dass wir gemeinsam etwas bewirken.

Dieses Buch gibt eine erste Übersicht, wie wir Menschen der Umwelt schaden und wie es um den Planeten bestellt ist. Aufgezeigt werden darüber hinaus die wichtigsten Möglichkeiten, wie wir alle dazu beitragen können, umweltfreundlicher zu leben.

WAS TRÄGT ZUM KLIMAWANDEL BEI?

KUNSTSTOFFE

WAS SIND KUNSTSTOFFE?

Im 17. und 18. Jahrhundert tauchte in Mitteleuropa ein neuer Rohstoff auf – Kautschuk. Über die damaligen Kolonien Europas kam das Naturprodukt auch nach Deutschland, später wurde er bekannt unter dem landläufigen Begriff »Gummi«. Ab Mitte des 19. Jahrhunderts gab es in Deutschland bereits eine florierende »Gummi«-Industrie: Zelluloid, Linoleum, Viskose, Bakelit – industriell hergestellte Vorläuferwerkstoffe der späteren Kunststoffe. Kunststoff, wie wir ihn heute kennen – umgangssprachlich »Plastik« genannt –, wurde vor etwas mehr als hundert Jahren erfunden und ist aus unserem heutigen Leben nicht mehr wegzudenken. Sowohl die diversen Kunststoffarten als auch die Menge, die wir heute kennen und verwenden, nehmen in alarmierender Geschwindigkeit zu.

WARUM WIRD KUNSTSTOFF SO HÄUFIG VERWENDET?

Kunststoffe sind heute fester Bestandteil unseres täglichen Lebens – und dafür gibt es unzählige Gründe: Es liegt unter anderem an deren Vielseitigkeit, Langlebigkeit und der Fähigkeit, wasserdicht sowie bei starker Belastung und bei starkem Druck widerstandsfähig zu sein. Und natürlich ist Plastik auch der Traum aller Hersteller, da die Produktionskosten im Vergleich zu umweltfreundlicheren, alternativen Rohstoffen, wie zum Beispiel Glas oder Biokunststoffen, relativ niedrig sind.

WAS SIND BIOKUNSTSTOFFE?

Biokunststoffe weisen fast dieselben Merkmale wie industriell gefertigte Kunststoffe auf, bei der Herstellung werden jedoch keine umweltbelastenden Chemikalien verwendet, sondern natürliche Stoffe wie etwa Maisstärke. Im Vergleich zu nicht biologisch abbaubaren Kunststoffen sind Biokunststoffe kompostierbar, stoßen beim biologischen Abbau fast 70 Prozent weniger Treibhausgase aus und verbrauchen nur ein Drittel der Energie, die zur Herstellung von Kunststoffen aus Kohlenstoff benötigt wird.

ÜBERWIEGEN DIE VORZÜGE VON PLASTIK DIE NACHTEILE?

Obwohl es sich bei der Herstellung von Plastik um ein billiges, flexibles und langlebiges Material handelt, verursacht Kunststoff auf lange Sicht erhebliche Kosten für unseren Planeten. Zwei der Hauptursachen sind die energieintensive Produktion durch nicht erneuerbare Energien sowie die Tatsache, dass Kunststoffe nicht biologisch abbaubar sind. Das schadet einerseits der Erdatmosphäre, da diese mit schädlichen, fossilen Brennstoffen verschmutzt wird, und andererseits der Tier- und Pflanzenwelt, die nachhaltig darunter leidet. Der Kampf, Abfälle und Plastikmüll unserer globalisierten Konsumgesellschaft in den Griff zu bekommen, gleicht einer Sisyphusarbeit.

WASSER UND LUFT, DIE BEIDEN WESENTLICHEN ELEMENTE, VON DENEN ALLES LEBEN ABHÄNGT, SIND ZU GLOBALEN MÜLLTONNEN GEWORDEN.

Jacques Cousteau

WIE SCHÄDLICH SIND KUNSTSTOFFE? DIE FAKTEN

→ Weltweit werden jährlich rund 300 Millionen Tonnen Kunststoff produziert. Davon werden etwa nur zehn Prozent recycelt.

→ Jedes Jahr werden allein bei der Produktion von Wasserflaschen für den US-amerikanischen Markt 17 Millionen Barrel Rohöl verbraucht – mit dieser Menge könnten mehr als eine Million Autos ein komplettes Jahr ununterbrochen fahren.

→ Der »Great Pacific Garbage Patch«, der »Nordpazifische Müllstrudel«, ist ein riesiger Wasserstrudel im Pazifik, der so stark mit Plastikmüll angereichert ist, dass er eine riesige Insel aus Kunststoffresten und Plastikmüll ergibt. Dieser Müllberg, mitten im Pazifik, wird auf 2,7 Meter Tiefe und auf eine Fläche dreimal so groß wie Frankreich geschätzt.

→ Dieser Strudel ist nur der größte seiner Art – es gibt vier weitere riesige Müllstrudel in den Weltmeeren. Sie befinden sich jeweils in der Nähe des Äquators, da hier die Meeresströme aus Norden und Süden aufeinandertreffen und so den schwimmenden Müll strudelartig bündeln.

→ Etwa eine Million Seevögel und hunderttausend Meeressäuger sterben jedes Jahr in den Ozeanen an den Folgen von Müll und Plastikschutt.

> → Gesundheitsschädliche, im Plastik befindliche Chemikalien, vom menschlichen Körper zum Beispiel durch den Wasserkreislauf oder Lebensmittel aufgenommen, können den menschlichen Hormonhaushalt verändern und zu einer Vielzahl von negativen gesundheitlichen Wirkungen führen.
>
> → Es wird geschätzt, dass es bis 2050 in den Ozeanen mehr Plastik als Fische geben wird.

ZERSTÖRT PLASTIK UNSERE MEERESWELT?

Ein klares: Ja! Die am stärksten betroffenen Meerestierarten sind Fische, Meeresschildkröten, Seevögel und alle Meeressäuger. Die Gründe sind vielfältig: Die Tiere infizieren sich entweder durch Wunden, die ihnen Plastikteile zufügen, und sterben an den Verletzungen. Oder sie verfangen sich im Plastikmüll, aus dem sie sich nicht befreien können, oder aber nehmen Teile des Plastikmülls auf, an dem sie entweder ersticken oder ertrinken. Bereits im Jahr 2010 wurde ein kalifornischer Grauwal tot an einem Strand angespült und man entdeckte, dass sich im Magen eine Menge Müll befand: ein Paar Trainingshosen, ein Golfball, mehr als 20 Plastiktüten, kleine Handtücher, Klebeband und OP-Handschuhe. Leider sind kranke oder tote Tiere, die mit Mägen voller Kunststoff oder in Plastikmüll verheddert an Land gespült werden, an vielen Stränden der Welt inzwischen an der Tagesordnung. Von den Müllbergen im Meer sind auch deutsche Küsten und

Anrainerstaaten betroffen: Anfang 2019 havarierte eines der größten Containerschiffe der Welt in der Nordsee. Tonnenweise wurde der Inhalt der Container an die Küsten Deutschlands und der Niederlande gespült.

Kunststoffe wirken jedoch nicht nur auf Tiere, die diese über die Nahrung aufnehmen, sondern haben auch außerordentliche Folgewirkungen auf deren Jungtiere. Seevögel beispielsweise, die sich von den Oberflächen der Ozeane ernähren, geben ihren Küken das Plastik in der Nahrung weiter, was wiederum entweder zur Unterernährung der Jungvögel oder dazu führt, dass sie daran kläglich verenden. In einer Studie fanden Forscher heraus, dass 98 Prozent der getesteten Küken Kunststoffreste im Magen enthielten. Und selbst wenn das Tier stirbt und sein Körper zerfällt, verbleibt das Plastik immer noch im Meer.

Natürlich sind wir Menschen selbst betroffen, wenn die Meereslebewesen auf diese Weise unter der Verschmutzung der Gewässer und Weltmeere zu leiden haben. Wir verzehren Fische und andere Meerestiere und nehmen die Schadstoffe somit in der Nahrung ebenfalls auf. Plastikteilchen im Nahrungsmittelkreislauf sind daher das Problem der Zukunft und eine Bedrohung für viele unserer Lebensbereiche. Es ist die große Aufgabe unserer Zeit, diesen Kreislauf der Kontaminierung schon allein für nachfolgende Generationen aufzuhalten.

WIE GELANGT KUNSTSTOFFMÜLL
IN UNSERE OZEANE?

Rund 80 Prozent des Abfalls in den Meeren gelangt vom Binnenland in den Wasserkreislauf. Müll, der am Strand hinterlassen wird, wird bei Flut ins Wasser gespült; über das Abflusssystem gelangt Abfall von Fabriken, Baustellen und Mülldeponien in den Wasserkreislauf. Bei starkem Regen oder Wind kann Müll von den Straßen in Flüsse oder ins Meer befördert werden. Und über Flüsse geraten Kunststoffprodukte, beispielsweise Kosmetiktücher oder Wattestäbchen, die in den Haushalten über die Toilette in die Kanalisation gespült werden, ins Meer. Die übrigen 20 Prozent des Mülls gehen buchstäblich auf See verloren, wenn (Container-)Schiffe kentern und ihr Inhalt in die Meere gelangt. Ein schwerer Sturm im Jahr 1992 ließ ein Schiff sinken und Tausende von Gummienten über Bord gehen. Noch heute wird dieses Spielzeug an den Ufern der Welt angespült.

VERSCHMUTZUNG DURCH KUNSTSTOFFGRANULAT

Sie sehen niedlich und irgendwie harmlos aus, diese kleinen, mitunter bunten Plastikperlen, so groß wie Linsen – sie sind aber eine *der* großen Umweltbelastungen und Verunreinigungen der Weltmeere: Kunstharzpellets, auch »Nurdles« genannt. Sie sind ein industrielles Abfallprodukt, welches bei der Herstellung von Kunststoffen entsteht, mit einem Durchmesser von ein bis fünf Millimeter. Eine Größe, die sie besonders gut befähigt, in den Wasserkreislauf zu gelangen und dadurch massenweise zu Plastikabfall in den Meeren zu werden. Tonnen dieser Teilchen mäandern durch die Ozeane, werden an die Strände dieser Welt gespült und sind dort mittlerweile der am häufigsten angeschwemmte Kunststoffmüll.

Diese kleinen Plastikteilchen (nicht zu verwechseln mit Mikroplastik, das aus noch viel kleineren Teilchen besteht) stellen schon allein deshalb eine große Bedrohung für die Gewässer dar, da sie von Meerestieren mit der Nahrung aufgenommen werden. Leider gibt es keine endgültige Lösung für dieses weitverbreitete Problem, da die Milliarden von Pellets, die in den Ozeanen zirkulieren, dort lange, lange Zeit verbleiben werden – sie werden nicht biologisch abgebaut, sie zerfallen nur in kleinere und immer kleinere Teilchen, die weiterhin im Nahrungskreislauf kursieren. Es liegt in der Verantwortung der Kunststoffindustrie, diesen Ausstoß an Schadstoffen zu verhindern.

Diverse gemeinnützige Organisationen und selbst die breite Öffentlichkeit haben das Problem erkannt und arbeiten mit Initiativen weltweit zusammen, um Strände von Nurdles zu befreien. So ruft die britische Organisation »Nurdle Free Oceans« zum »The Great Nurdle Hunt«, zur »großen Nurdles-Jagd« auf. Jeder Einzelne soll mithelfen, Plastikteilchen am Strand einzusammeln und umweltgerecht zu entsorgen. Die US-amerikanische Organisation »National Ocean Service« initiierte in der Vergangenheit globale Säuberungsaktionen von Stränden, bei denen rund 680000 Freiwillige mehr als sieben Millionen Kilogramm Abfall von Stränden und Küstengebieten entfernten.

WIE KONNTEN WIR PLASTIK NUR ZU EINEM DERART GROSSEN GLOBALEN PROBLEM WERDEN LASSEN?

Einige Staaten sind bei der Kontrolle von Kunststoffabfällen konsequenter als andere – zum Beispiel recyceln die Schweden fast 100 Prozent ihrer Haushaltsabfälle. Das heißt jedoch nicht, dass wir nicht alle noch mehr dazu beitragen können, unseren Planeten sauberer zu machen. In Großbritannien beispielsweise werden täglich 38,5 Millionen Kunststoffflaschen einfach weggeworfen und machen 40 Prozent des im Land vorkommenden Abfalls aus. In den Vereinigten Staaten werden täglich 500 Millionen Plastikstrohhalme verwendet – wenn man die Strohhalme in einer Linie hintereinanderlegen würde, ergäbe das den zweieinhalbfachen Erdumfang. Weltweit ist in den letzten 40 Jahren ein Anstieg der Kunststoffmenge um 620 Prozent zu verzeichnen – und noch kein einziges Kunststoffteilchen davon ist auch nur ansatzweise biologisch abgebaut.

IST UNSERE LIEBE ZU KUNSTSTOFF ZU WEIT GEGANGEN?

Diese Zahlen und Fakten sind schon schockierend genug und es wäre naiv zu sagen, dass man diese Schäden rückgängig machen könnte. Bei diesem Menschheitsproblem fehlen uns schlichtweg Erfahrungswerte – wir müssen uns eingestehen, dass wir vieles nur vermuten und wenig absehen können; wir sind die erste Generation, die konkrete Lösungen finden muss. Problematisch ist zudem, dass unser Leben immer schneller wird und wir zunehmend Einwegartikel bevorzugen, weil sie dieses schnelle Leben vereinfachen – und zum Teil auch erst möglich machen. Wir lieben unseren »Way of Life«. Doch gibt es Möglichkeiten, Plastikmüll durch Recycling zu reduzieren, und die Statistik zeigt, dass noch vieles optimiert werden kann. In Deutschland werden etwa 42 Prozent des Plastikmülls recycelt – auch diese Zahl ist noch ausbaufähig.

Neben der Reduzierung der weltweiten Kunststoffproduktion gibt es weiterer sozialen und ökologischen Nutzen, der durch Recycling von Kunststoffen erzielt werden kann.

Darunter:

→ Energie sparen durch mehr Mülltrennung – der Recyclingprozess benötigt nur 12 Prozent der Energie, die für die Herstellung von Kunststoff benötigt wird.

→ Schnellere Kreislaufwirtschaft – Einzelhändler könnten ein recyceltes Produkt schneller wieder in ihren Regalen stehen haben.

→ Schaffen von Arbeitsplätzen – Umweltschutz erhöht auch die Beschäftigung: Recycling eröffnet sechsmal mehr Beschäftigungsmöglichkeiten als die Nutzung von Deponien und 36-mal mehr als die Müllverbrennung.

KLEINE RECYCEL-KUNDE

Der deutsche Durchschnittsbürger trennt im internationalen Vergleich seinen Müll recht fleißig. Mit 92 Prozent spricht sich eine überwältigende Mehrheit der

Verbraucher in Umfragen für eine Mülltrennung aus und befürwortet das Recyceln von Verpackungsmüll. Eine kurze Übersicht, wie in Deutschland Kunststoffe für Recycling gesammelt und getrennt werden:

Für das Kunststoffrecycling sind die Gelbe Tonne und der Gelbe Sack zuständig (mancherorts in Deutschland auch in Orange). In ihnen werden sogenannte Leichtverpackungen aus Metall, Verbundmaterial und Kunststoff gesammelt. Ein paar Dinge, die in den gelben Sack gehören, sind zum Beispiel: Buttermilch- und Joghurtbecher, Getränkekartons, Menüschalen von Fertiggerichten, Senf-, Mayo-, Ketchup-Eimer, Shampoo-Flaschen, Spraydosen, Styroporverpackungen und Zahnpastatuben. Nichts dort zu suchen haben zum Beispiel: CDs, Disketten und Videokassetten, Einwegrasierer, Hygieneartikel, Klarsichthüllen und Zahnbürsten. Die vollständigen Listen, sogenannte Trennhilfen, finden sich im Internet (regionale Unterschiede bitte beachten). Dieses Verfahren sorgt dafür, dass jährlich rund 500 000 Tonnen fossiler Rohstoffe allein in Deutschland eingespart werden.

Aus den gesammelten Kunststoffen werden Sekundärrohstoffe hergestellt, unter anderem ein Restgranulat namens »Systalen«, aus dem erneut Verpackungen und anderes hergestellt werden. Somit gelangt dieser Kunststoff zurück in den Wertstoffkreislauf.

Neben der beschriebenen Trennung von Leichtverpackungen werden von Haushalten in Deutschland zudem Glas, Papier, Bioabfall und der sogenannte Restmüll getrennt voneinander gesammelt – es gibt in Deutschland also insgesamt fünf (Haupt-)Kategorien der Mülltrennung. Darüber hinaus gibt es noch öffentliche Container für Altkleider und anderes. Müll und Sperrmüll, der in keine dieser Kategorien passt, bringt man kostenfrei zum Wertstoff- oder Recyclinghof (bzw. zur Schadstoffsammelstelle, zum Abfallwirtschaftshof, Bauhof, zur Sortierschleife, zum Altstoffsammelzentrum oder Werkhof; hier gibt es im deutschsprachigen Raum regional sprachlich unterschiedlich geregelte Begriffe).

Für Verwirrung sorgt bei Verbrauchern oft »Der Grüne Punkt«. Gegründet 1990, waren seitdem alle Verpackungen in Deutschland mit dem Grünen Punkt versehen; seit 2009 muss dieses Zeichen auf Verpackungen eigentlich nicht mehr angezeigt werden, viele Hersteller tun es trotzdem immer noch. Das Zeichen hat für die Mülltrennung keine Bedeutung, es besagt nur, dass Produkthersteller und -vertreiber am »Dualen System« beteiligt sind, sich demnach an der Finanzierung der Verpackungssammlung und -verwertung beteiligen und das Verfahren unterstützen. Seit dem 1. Januar 2019 gibt es in Deutschland ein neues Verpackungsgesetz, welches Hersteller und Vertreiber von Produkten noch mehr in die Pflicht nimmt, ins deutsche Duale (Müll-)System einzuzahlen und dieses noch verantwortlicher und umweltschonender zu unterstützen.

DER RECYCLING-CODE – WELCHE KUNSTSTOFFARTEN GIBT ES?

Den in Deutschland verwendeten Recyling-Code kennen Verbraucher als Zeichen aus drei (meist grünen) Pfeilen, die in Anlehnung an die Möbius-Schleife ein Dreieck bilden und den Verwertungskreislauf des (Plastik-)Mülls in

Deutschland symbolisieren. Kunststoffe, die kein Verpackungsmüll sind, werden im Hausmüll gesammelt und erst in der Müll-Sortieranlage durch Luftdüsen voneinander getrennt, um dann, in unterschiedliche Kunststoff-Ballen gepresst, wiederverwertet zu werden. Der Verbraucher muss die unterschiedlichen Kunststoffe in Deutschland nicht vorsortieren.

Hier die Übersicht der Kunststoffe, mitsamt der betreffenden Nummer des Recycling-Codes von eins bis sieben, die Plastikmüll kategorisiert und für die Wiederverwertung einteilt. Folgende Arten von Plastik werden dabei unterschieden:

 Recyclingcode 1 – PET (Polyethylenterephthalat)

 Recyclingcode 5 – PP (Polypropylen)

 Recyclingcode 2 – PE-HD oder HDPE (Polyethylen mit hoher Dichte)

 Recyclingcode 6 – PS (Polystyrol)

 Recyclingcode 3 – PVC (Polyvinylchlorid)

 Recyclingcode 7 – O, Kürzel für »Other«, also andere Kunststoffe

 Recyclingcode 4 – PE-HD (Polyethylen mit niedrigerer Dichte)

WIR LEBEN IN EINER WEGWERFGESELLSCHAFT. ES IST EINFACHER, DINGE WEGZUSCHMEISSEN, ALS SIE WIEDERZUVERWENDEN.

Neil Labute

KÖNNEN WIR DAS RUDER NOCH HERUMREISSEN?

Seitdem die von der Menschheit verursachten Umweltbelastungen als solche erkannt wurden, hat sich durchaus einiges getan – wir denken zunehmend an die Zukunft des Planeten und handeln oftmals dementsprechend. Und ja, es gibt auch gute Nachrichten: Ein paar Stellschrauben, an denen in der Vergangenheit gedreht wurde, Veränderungen und Initiativen, die stattgefunden haben, haben durchaus etwas bewirkt. Hier ein paar Beispiele und ihre positiven Ergebnisse:

➜ In fast allen Supermärkten und Geschäften in Deutschland muss der Kunde seit Juni 2016 Plastiktüten für seinen Einkauf extra bezahlen. Und es funktioniert! Innerhalb von zwei Jahren ist der Verbrauch von Plastiktüten in Deutschland um die Hälfte gesunken. Manche Unternehmen haben Plastiktüten komplett aus ihrem Angebot verbannt, wie beispielsweise die Lebensmittelkette Rewe.

➜ Europaweites Verbot als Kampfansage gegen den Plastikmüll: Nach einer Richtlinie von Dezember 2018 sind ab 2021 Einweg-Plastikprodukte, allen voran Plastikstrohhalme und Plastik-Einweggeschirr, in der Europäischen Union verboten. Auch Rührstäbchen für Kaffee und Wattestäbchen aus Plastik werden dann Geschichte sein. Positiver Effekt der Richtlinie: Große Fast-Food-Ketten in Deutschland, die einen immensen Verbrauch von Plastikstrohhalmen verzeichnen, stellen sich bereits im Vorfeld auf das Verbot ein und setzen schon jetzt auf den ökologischen Umstieg, zum Beispiel auf Strohhalme aus Papier. Supermärkte nehmen umweltschonende Produkte nun einfacher in ihr Sortiment auf und dadurch wird es auch für den Verbraucher einfacher, auf nachhaltige Produkte umzusteigen.

➡ Lebensmittelketten in Deutschland haben zum Teil begonnen, »Lasertattoos« auf Obst und Gemüse zu testen. Gerade Bio-Produkte sind oftmals extra in Plastikfolie verpackt, um sie mit dem Bio-Label zu versehen und von der »herkömmlichen« Ware zu unterscheiden. Anstelle von Klebe- oder Plastiketiketten werden diese Informationen wie ein Tattoo direkt auf die Schale der Frucht gelasert. So können einige Tonnen Klebstoff und Etiketten- und Trägerpapier bzw. 99,8 Prozent der ansonsten anfallenden CO_2-Menge jährlich eingespart werden.

Einige Unternehmen verwenden recycelte Kunststoffe für ihre Verpackungen – 89 Prozent der Verpackungen des britischen Kosmetikhändlers Lush beispielsweise stammen aus recycelten Materialien. Darüber hinaus werden Töpfe und Flaschen aus 100 Prozent recyceltem Kunststoff (PCR) hergestellt, wodurch jährlich rund 65 Tonnen Kohlendioxid (800 Barrel Öl) eingespart werden.

FOSSILE BRENNSTOFFE

WAS SIND FOSSILE ENERGIETRÄGER?

Fossile Energieträger – oder auch Brennstoffe – sind nichterneuerbare Energiequellen wie Kohle, Rohöl und Erdgas. Sie werden fossil genannt, da sie vor Millionen von Jahren aus den Überresten lebender Organismen, also aus Pflanzen und Tieren, entstanden sind. Da diese naturbedingten Prozesse heute in der Form nicht mehr stattfinden, sind die Vorkommen de facto begrenzt und die Biomasse wird irgendwann aufgebraucht sein. Bei der Energiegewinnung dieser Stoffe wird Sauerstoff verbraucht sowie bei der Verbrennung umweltschädliches Kohlendioxid freigesetzt. Die Menschheit ist auf diese fossilen Brennstoffe jedoch stark angewiesen, mehr als je zuvor – unsere Mobilität muss gewährleistet, Strom erzeugt und unsere Energiewirtschaft betrieben werden. Kurz gesagt, fossile Energieträger sind unverzichtbar für unsere heutige Lebensweise.

WARUM WERDEN FOSSILE BRENNSTOFFE SO STARK GENUTZT?

Obwohl die Gewinnung der Rohstoffe relativ teuer ist, sind sie eine billigere Energiequelle als etwa Wind- und Solartechnik. Nach der Gewinnung können sie entweder über große LKWs oder über Pipelines sicher und zuverlässig an ihren Bestimmungsort transportiert werden. Sie gelten als relativ sparsame Brennstoffe, da sie langsam verbrennen und verhältnismäßig viel Energie freisetzen. Um sicherzustellen, dass die Energie konstant bleibt, die wir für die Versorgung unserer Wohnungen und Arbeitsplätze benötigen, subventionieren Regierungen auf der ganzen Welt Ölfirmen. Ein Anreiz, um immer weitere Energievorkommen zu finden und große Mengen an Energie zu vertreiben, was wiederum die Kosten für alle Beteiligten verringert.

ABER SICHERLICH ÜBERWIEGEN DIE VORTEILE DER FOSSILEN BRENNSTOFFE DIE NACHTEILE?

Die Vorteile der fossilen Brennstoffe wurden bereits genannt, sie schaden der Umwelt jedoch sehr stark. Das Hauptproblem dabei sind die negativen Auswirkungen durch die Luftverschmutzung, denn durch die Verbrennung werden gewaltige Mengen an Kohlenstoff freigesetzt: Dioxid sowie andere giftige Chemikalien wie Stickstoffdioxid, Schwefeldioxid und Kohlenmonoxid. Diese Stoffe erzeugen den sogenannten Treibhauseffekt und verursachen den Temperaturanstieg auf der Erde. Fossile Brennstoffe gelten deshalb als die größten Verursacher des Klimawandels, sie schädigen die Erdatmosphäre und können beim Menschen zu Herz-Kreislauf-Erkrankungen führen.

Darüber hinaus stellt sich die Frage, wie lange die Vorräte der nichterneuerbaren Energiequellen ausreichen werden. Basierend auf einer Studie aus dem Jahr 2015 wird geschätzt, dass Kohle in 115 Jahren und Erdgas und Rohöl jeweils in 50 Jahren aufgebraucht sein werden. In dem Maße, wie wir diese Ressourcen momentan verbrauchen, müssen schnell Alternativen zur Energiegewinnung gefunden werden, um die Globalisierung und unsere Wirtschaftsstruktur aufrechtzuerhalten.

DER WANDEL HIN ZU EINER WIRTSCHAFT MIT SAUBERER ENERGIE WIRD NICHT ÜBER NACHT ERFOLGEN UND ER BEDARF HARTER ENTSCHEIDUNGEN. ABER DIE DEBATTE IST ABGESCHLOSSEN. DER KLIMAWANDEL IST EINE TATSACHE.

Barack Obama

WIE SCHÄDLICH SIND FOSSILE BRENNSTOFFE?

→ Die Gewinnung fossiler Brennstoffe erfordert schätzungsweise drei bis sechs Millionen Liter Wasser und 15 000 bis 60 000 Liter Chemikalien pro Bohrung. Beunruhigenderweise sind viele der Chemikalien, die im Prozess verwendet werden, den Aufsichtsbehörden gar nicht bekannt. Eine Studie ergab jedoch, dass allein 25 Prozent der offengelegten Chemikalien beim Menschen Krebs oder andere Krankheiten verursachen könnten, während sogar die Hälfte weitere schwere Krankheiten herbeiführen können.

→ Wenn Offshore-Bohrungen missglücken, ist dies für Mensch und Umwelt meist verheerend. Im Jahr 2010 kamen bei der Explosion der Ölplattform »Deepwater Horizon« im Golf von Mexiko 11 Arbeiter ums Leben und es gelangten 4,9 Millionen Barrel Öl ins Meer.

→ Weltweit werden an den Ölförderstandorten jährlich rund 400 Millionen Tonnen kohlendioxidäquivalente Emissionen erzeugt.

→ Vom Tagebau für Kohle, um nur ein Beispiel zu nennen, sind fast 1,4 Millionen Hektar Land in der Appalachen-Region Amerikas betroffen, wo nach der Gewinnung überschüssiger Abraum in Bäche und Täler gekippt wurde. Die Folgen sind geschädigte Ökosysteme und ein kontaminierter Wasserkreislauf.

→ Zwischen 1990 und 2000 starben weltweit rund zehntausend Bergleute, die jahrelang unter Tage gearbeitet hatten, an der Schwarzen Lunge. Eine Harvard-Studie ergab, dass die noch lebenden »Kumpel« ebenfalls ein erhöhtes Risiko haben, an schweren Lungen-, Herz-Kreislauf- und Nierenleiden zu erkranken.

→ Die Freisetzung giftiger Chemikalien durch das Verbrennen fossiler Brennstoffe trägt zur globalen Erwärmung und möglichen Gesundheitseinschränkungen aller Menschen direkt bei. Allein durch diesen Faktor der Umweltverschmutzung sterben jedes Jahr weltweit schätzungsweise 6,5 Millionen Menschen an Herz- und Atemwegserkrankungen.

DIE AUSWIRKUNGEN DER GLOBALEN ERWÄRMUNG AUF WETTER UND UMWELT

Es ist oft schwierig, die Auswirkungen der globalen Erwärmung zu erkennen, weil wir sie nicht sinnlich wahrnehmen, also weder sehen, berühren, hören noch riechen können. Wenn die Temperatur auf der Erde in den letzten Jahrzehnten im Mittel kontinuierlich gestiegen ist, dann müssten wir den Temperaturunterschied doch bemerken?

Um die globale Erwärmung zu verstehen, müssen wir zwischen dem Wetter (den aktuellen Bedingungen) und dem Klima (dem Wetterverlauf über mehrere Jahre) unterscheiden. Es ist wahr, dass Länder mit grundsätzlich kühlerem Klima immer noch kalte Winter haben. Studien haben aber auch gezeigt, dass die globale Durchschnittstemperatur von der Mitte des 20. Jahrhunderts bis 2016 um 0,99 Grad gestiegen ist.

Obwohl die globale Erwärmung für den Einzelnen nicht direkt spürbar ist, zeigen sich die Veränderungen bezüglich Klima und Umwelt im Laufe der Jahre deutlich. Der bedeutendste und offensichtlichste Wandel betrifft die polaren Eiskappen, die mit noch nie da gewesener Geschwindigkeit schmelzen. So hat der Glacier-Nationalpark im Norden des US-Bundesstaats Montana an der Grenze zu Kanada nur noch 26 von vormals 124 Eiskappen. Die Eisdecke Grönlands verliert jährlich etwa 300 Gigatonnen (300 Milliarden Tonnen) Eis.

Durch das Schmelzen der Eiskappen und die Ausdehnung des Wassers bei der Erwärmung steigen die Meeresspiegel. So stieg der Wasserstand der Ozeane im

Zeitraum von 2005 bis 2015 um 33 Millimeter. Auch dies mag nicht nach einem dramatischen Anstieg klingen, aber zunehmende Überschwemmungen und Stürme sind schon jetzt die Folge.

Ein Beispiel für die realen Auswirkungen des Klimawandels wurde 2017 deutlich, als »Harvey«, ein Hurrikan der Kategorie 4, auf die texanische Küste der USA traf. 14 Menschen starben, Zehntausende mussten ihre Häuser verlassen. Kurz nach dieser Katastrophe wurden drei weitere Wirbelstürme (»Irma«, »Jose« und »Maria«), die die nordöstliche Karibik durchquerten, als Kategorie 3 oder höher auf der Saffir-Simpson-Hurrikan-Skala eingestuft (die SSHS ist eine vom US-amerikanischen »National Hurricane Center« entwickelte Skala, die seit 1972 Windgeschwindigkeiten von Stürmen angibt). Die hohen Kategorien zeigen, dass es sich um größere, stärkere Hurrikans gehandelt hat, die verheerende Schäden verursachten.

Obwohl Zyklone, wie sie in diesem Teil der Welt auch heißen, vor allem zwischen August und Oktober seit jeher häufig sind, hat die Zahl der großen Wirbelstürme, die in so kurzer Zeit auf engstem Raum registriert wurden, insgesamt zugenommen und sie sind in den Fokus der Forschung gerückt. Klimaforscher sind mittlerweile der Überzeugung, dass dieses ungewöhnliche Muster von schweren Wetterereignissen eine direkte Folge des Klimawandels ist.

DIE AUSWIRKUNGEN DER GLOBALEN ERWÄR-
MUNG AUF DIE OZEANE

Die Emissionen, die in die Erdatmosphäre freigesetzt
werden, bilden eine Schicht, eine Art Deckel über der
Erdatmosphäre, sodass die eindringende Wärme der
Sonne nicht wieder aus der Lufthülle entweichen kann.
Das bewirkt den sogenannten Treibhauseffekt. Ein großer Teil dieser Wärme wird zwar von den Ozeanen und
dem Amazonas-Regenwald absorbiert, doch ähnlich wie
beim Menschen, der einen Anstieg von 3 Grad über seine durchschnittliche Kernkörpertemperatur von 37 Grad
kaum aushalten kann, muss die Temperatur der Ozeane
stetig sein, damit die Ökosysteme überleben können.
Schon kleinste Abweichungen haben enorme Auswirkungen. Seit Mitte des 20. Jahrhunderts können Forscher
einen Temperaturanstieg der Meere von 1 bis 2 Grad
verzeichnen. Dieser ist mit einer Vielzahl von Effekten

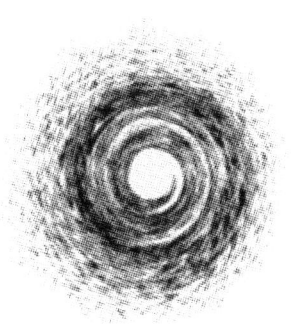

verknüpft, z. B. der Gefährdung der Lebensräume der Polartiere, der Umsiedlung und Erkrankung von Meeres- und Muscheltieren sowie einer Rekordzahl von Korallen- riffen, die in jüngster Zeit von der Zerstörung durch die sogenannte Korallenbleiche betroffen sind.

Korallenbleiche benennt den Prozess des anfänglichen Absterbens der Steinkorallenstöcke, die dadurch ihre Farbe verlieren, grau und »stumpf« werden. Die auf ih- nen befindlichen Korallen sterben daraufhin ebenfalls ab. Ausgelöst wird die vermehrte Produktion von Algen durch die erhöhte Meerestemperatur. Algen lassen sich auf den Korallen nieder und verstopfen diese. Korallen sind lebende Organismen – durch die eingeschränkte le- benswichtige Symbiose, die bei Algenbefall nicht mehr möglich ist, gehen sie ein.
Wenn ein Korallenriff befallen ist, gibt es unter Umstän- den die Chance, dass es sich regeneriert. Leider ist in den letzten Jahrzehnten ein Anstieg der Fälle zu beobachten, in denen riesige Riffe wegen wiederholter Belastung durch zu hohe Wassererwärmung absterben. Der Unter- gang eines Riffs zeigt sich an seinem verfärbten Ausse- hen; nach einer Weile erodiert es schließlich vollständig und hinterlässt ein ausgestorbenes Areal, das einst ein ganzes Meeres-Ökosystem beherbergt hat.
Intakte Korallenriffe sind neben den Regenwäldern die artenreichsten Lebensräume der Welt. Auch wenn sie prozentual betrachtet nur einen kleinen Teil der Ozeane einnehmen, beherbergen sie ein Viertel des gesamten marinen Lebens.

Wie steht es um die Korallenriffe? Im Jahr 2005 starben etwa die Hälfte aller Riffe in der Karibik ab. Laut dem ARC Centre of Excellence war 2016 und 2017 das Great Barrier Reef vor der australischen Küste besonders stark betroffen – es war die bis dato dramatischste jemals festgestellte Bleiche eines Korallenriffs. 1450 Kilometer des Riffs waren damals betroffen, nur das südlichste Drittel blieb unbeschädigt. Auch wenn es theoretisch möglich ist, diese einzigartige Unterwasserwelt vor Umweltkatastrophen dieses Ausmaßes zu schützen, droht in Zukunft vermehrt ihr Untergang, selbst wenn die Wassertemperaturen der Meere beständig bleiben. Es ist ein globales Problem, das schnell angegangen werden muss, wenn es irgendeine Hoffnung geben soll, die Riffe in den Meeren und ihre Lebensräume zu retten.

WAS WIRD PASSIEREN, WENN ALLE FOSSILEN BRENNSTOFFE DER ERDE VERBRAUCHT SIND?

Viele Menschen befürchten, dass wir keine ausreichenden Alternativen haben werden, wenn die fossile Brennstoffe eines Tages ausgehen. Die Sorge ist nicht ganz unberechtigt, die größere Frage vor der wir stehen ist jedoch, wie der Planet überhaupt aussehen wird, nachdem wir diese Energiequellen ausgeschöpft haben. Die amerikanische Weltraumbehörde NASA zeichnet ein düsteres Bild: Sollte es mit der Temperaturerhöhung weitergehen wie bisher, steigt der Meeresspiegel im Laufe des nächsten Jahrhunderts um mindestens einen Meter an. Andere umfangreichere Studien besagen, wenn alle verbliebenen fossilen Brennstoffe der Erde verbraucht sind, könnte der Meeresspiegel möglicherweise um mehr als 60 Meter ansteigen. Nicht nur die Temperaturen werden ansteigen, auch das Wetter wird immer unberechenbarer sein. Es wird im Jahresverlauf vermutlich mehr frostfreie Tage geben, was sich auf eine Reihe von Ökosystemen und die Landwirtschaft auswirken wird.

IST UNSERE LIEBE ZU FOSSILEN BRENNSTOFFEN ZU WEIT GEGANGEN?

Die Schädigung der Ökosysteme durch die Energiegewinnung aus fossilen Brennstoffen können wir nicht mehr rückgängig machen. Würde die Menschheit diese Kraftstoffe weiterhin so nutzen, wie sie es in den letzten zwei Jahrhunderten getan hat, wären die Schäden, die wir dem Planeten zufügen, katastrophal. In jüngster Zeit sind wir uns jedoch zunehmend der negativen Auswirkungen bewusst geworden und es ist offensichtlich, dass unsere Bemühungen, umweltfreundlichere, erneuerbare Energiequellen zu nutzen, zunehmen.

WIE HAT SICH DER ENERGIEVERBRAUCH IN DEUTSCHLAND IN DEN LETZTEN DEKADEN ENTWICKELT?

Der Verbrauch fossiler Energie ist in Deutschland in den letzten 30 Jahren stetig zurückgegangen. Der Verbrauch an Steinkohle fiel um ein Drittel, der Verbrauch von Braunkohle hat sich halbiert. Auch Energie aus Atomkraftwerken ging, vor allem durch die Abschaltungen seit 2011, um ein Drittel zurück. Der Bedarf an Mineralöl fiel um etwa 15 Prozent, also nur moderat, während die Nachfrage nach Erdgas um etwa 20 Prozent wuchs. Die Nutzung erneuerbarer Energien hat sich seit 1990 verachtfacht. Trotzdem gilt weiterhin, dass Deutschland eine Energieversorgung hat, die vor allem auf der Verbrennung fossiler Energieträger basiert.

DIE NÄCHSTE GENERATION DARF NICHT GEISEL DER ENERGIEQUELLEN DES VERGANGENEN JAHRHUNDERTS SEIN.

Barack Obama

EINE STARKE WIRTSCHAFT MUSS NICHT FÜR EINE GESUNDE UMWELT GEOPFERT WERDEN.

Dennis Weaver

WAS SIND DIE UMWELTSCHONENDEREN ALTERNATIVEN ZU FOSSILEN BRENNSTOFFEN?

→ Kernenergie

… entsteht in Kernkraftwerken durch die Aufspaltung von Atomen. Fossile Brennstoffe werden bei dieser Energiegewinnung zwar ebenfalls verwendet, aber nicht in so starkem Ausmaß wie bei anderer Energiegewinnung, was insgesamt zu einem Rückgang der Freisetzung von Treibhausgasemissionen führt. Kernenergie liefert derzeit jedoch nur sechs Prozent der Weltenergie, da Atomkraft umstritten ist. Deutschland hat 2011 den Ausstieg aus der Kernenergie bis zum Jahr 2022 beschlossen – als Reaktion auf das Reaktorunglück in Japan.

Zu den größten Risiken der Kernenergie gehören, neben potenziell tödlichen und für die Umwelt verheerenden Nuklearunfällen wie 1986 im russischen Tschernobyl und 2011 im japanischen Fukushima, die sichere Endlagerung von radioaktivem Abfall, dem Atommüll. Mit dem heute produzierten Atommüll werden sich noch zahlreiche Generationen beschäftigen müssen.

→ Wasserkraft

Diese Energie wird hauptsächlich durch Wasserkraftwerke gewonnen und ist verhältnismäßig sauber, zuverlässig und effizient. Tatsächlich sind Wasserkraftturbinen in der Lage, 90 Prozent der gewonnenen Energie in Strom umzuwandeln, während

50 Prozent der bei der Verbrennung verwendeten fossilen Brennstoffe bei der Gewinnung derselben verschwendet werden. Die Konstruktion von Dämmen und Wasserkraftwerken ist zwar teuer, sind sie aber einmal gebaut, sind die Kosten für Betrieb und Wartung in der Regel über Jahrzehnte verhältnismäßig niedrig. Die Nachteile sind: Ganze Landstriche und Dörfer verschwinden, viele Ökosysteme werden beim Bau der Dämme zerstört. In den Teilen des Landes, dem das Wasser entzogen wird, drohen Dürren – die mit dem Klimawandel sowieso schon häufiger auftreten.

→ Solar- und Windkraft

… bezeichnet die Energiegewinnung aus den regenerativen Energieträgern Sonne und Wind. Ebenso wie die Wasserkraft sind diese Energiequellen ökologisch sauber, stehen dauerhaft zur Verfügung und haben zudem eine Menge Arbeitsplätze geschaffen. Obwohl die Installation von Solarmodulen recht teuer ist, ist die Nutzung der Solarenergie quasi »kostenlos«. Diese günstige Energiequelle könnte wahrscheinlich die Kosten der Nutzung fossiler Brennstoffe auf lange Sicht ausgleichen. Der größte Vorteil ist auch gleichzeitig der größte Nachteil – ohne Sonnenlicht keine Energie. Dies ist besonders in den Wintermonaten und in Ländern mit hohen Niederschlägen problematisch, obwohl Back-up-Systeme in der Lage sind, gewonnene überschüssige Energie zeitweise zu speichern.

Wind ist ebenfalls keine konstante Größe, die Installation der Anlagen ebenfalls teuer. Menschen, die in der Nähe von Windanlagen leben, beklagen sich über den Lärm und die visuelle Belastung durch die sich drehenden Rotoren. Dennoch gewinnen erneuerbare Energiequellen immer mehr an Bedeutung, ihre Nutzung steigt in Deutschland stetig. In ihnen steckt die Zukunft der Energieversorgung.

INDUSTRIELLE
LANDWIRTSCHAFT

WAS IST INDUSTRIELLE LANDWIRTSCHAFT?

Industrielle Landwirtschaft meint die Bewirtschaftung einer sehr großen Anzahl von Tieren und Pflanzen, um den steigenden Bedarf an Fleisch-, Milch- und Getreideprodukten zu decken. Kennzeichen von Formen der Massenproduktion sind ein hoher Spezialisierungsgrad sowie technische Verfahren, die die Erträge steigern, und ein hoher Kapital- und Energieeinsatz. In der Tierzucht spricht man auch von Massentierhaltung. Durch den Anstieg der Weltbevölkerung, die im März 2019 bei 7,7 Milliarden Menschen gelegen hat, ist der Ertrag der industriellen Landwirtschaft immer größer geworden.

Es überrascht nicht, dass die Massentierhaltung, um den Anforderungen der Verbraucher gerecht zu werden, viele ethische und moralische Fragen aufwirft und sich in den letzten Jahren zu einem umstrittenen Diskussionspunkt in Medien und Öffentlichkeit entwickelt hat.

WIE HAT SICH DIE LANDWIRTSCHAFT VERÄNDERT?

Rückblick

→ Vor zweihundert Jahren produzierten 90 Prozent der amerikanischen Bevölkerung ihre Lebensmittel selbst.

→ 1940 produzierte jeder Landwirt genügend Lebensmittel für 19 Menschen.

→ Landwirtschaftliche Arbeiten wurden damals noch von Bauern und Bäuerinnen per Hand oder mithilfe von Nutz- und Zugtieren durchgeführt.

→ Tierseuchen, Dürren und Ernteschäden führten zu Versorgungsengpässen bis hin zu Hungerkatastrophen.

Gegenwart

→ Nur noch zwei Prozent der Weltbevölkerung produziert die Lebensmittel für die restliche Bevölkerung.

→ Mit der heutigen Agrartechnologie ist jeder Landwirt in der Lage, genügend Lebensmittel für Hunderte von Menschen zu produzieren.

→ Maschinen und zum Teil gigantische Geräte machen die Landwirtschaft schneller und effizienter.

→ Sowohl Biotechnologie (die Verwendung lebender Organismen) als auch Gentechnik (Modifikation von Genen zur Produktion neuer bzw. besserer Organismen) steigern Ernteertrag und Tierzucht. Beides trägt dazu bei, die Produktion aus der industriellen Landwirtschaft zu beschleunigen, zu optimieren, zuverlässiger und unabhängiger von Umwelteinflüssen zu machen.

DIE NATUR VERSORGT UNS MIT KOSTENLOSEN MAHLZEITEN – ABER NUR WENN WIR UNSEREN APPETIT ZÜGELN.

William Ruckelshaus

WIE WIRKT SICH DIE GEGENWÄRTIGE LAND-WIRTSCHAFT AUF DIE UMWELT AUS?

Was wir heute als »biologische Landwirtschaft« bezeichnen, ist die Art und Weise, wie unsere Vorfahren Landwirtschaft betrieben haben. Heute wird die »konventionelle« Bewirtschaftung in der Regel in großen Betrieben oder auf riesigen, kontrollierten Landflächen durchgeführt und die Produkte werden weltweit gehandelt. Obwohl es einerseits die effizienteste Methode der Herstellung von Nahrung zu sein scheint, gibt es einen weitreichenden Nachteil: Da die industrielle Landwirtschaft es bewältigen muss, die steigende Weltbevölkerung zu ernähren, zerstört sie Ökosysteme und leistet einen entscheidenden Beitrag zur globalen Erwärmung.

WIE SCHÄDLICH IST DIE INDUSTRIELLE LANDWIRTSCHAFT?

→ Ein Drittel der globalen Treibhausgasemissionen stammt aus unserer weltweiten Nahrungsmittelproduktion.

→ Dafür verantwortlich sind vor allem Methan-Emissionen aus der Tierhaltung, die Lagerung und Verwendung von Dünger sowie der Lachgas-Ausstoß aus landwirtschaftlich genutzten Böden. Methan und Lachgas sind »treibhauswirksamer« als CO_2.

→ In Deutschland wurden 2016 insgesamt 909,4 Millionen Tonnen Treibhausgase freigesetzt, die Landwirtschaft emittierte 65,2 Millionen Tonnen, was rund 7,2 Prozent der Treibhausgasemissionen ausmacht.

→ Im Durchschnitt werden in den USA für die Produktion von einer produzierten Kilokalorie Nahrungsenergie drei Kilokalorien Emissionen fossiler Brennstoffe benötigt – ohne Berücksichtigung des zusätzlichen Energiebedarfs für die Verarbeitung und den Transport der Lebensmittel.

→ Die Nachfrage nach landwirtschaftlichen Flächen hat in Amerika über 260 Millionen Hektar Wald und in Brasilien drei Millionen Hektar Regenwald zerstört.

→ Im Jahr 2013 wurden 183 Millionen Tonnen Düngemittelnährstoffe verbraucht – diese Zahl wird bis 2018 auf 200 Millionen Tonnen geschätzt.

→ Jährlich werden rund drei Millionen Tonnen Pestizide in der Landwirtschaft eingesetzt.

WIE SCHÄDIGEN CHEMISCH HERGESTELLTE DÜNGEMITTEL UND PESTIZIDE UNSEREN PLANETEN?

Stickstoff, Phosphor und Kalium sind die drei wichtigsten chemischen Elemente in Düngemitteln. Nach Schätzungen werden nur 33 bis 50 Prozent der Substanzen des Düngers von den Pflanzen aufgenommen. Der Rest gelangt zum großen Teil in den Boden und verändert dessen Säuregehalt, was wiederum Wachstum und Vielfalt der Pflanzen beeinträchtigen kann. Darüber hinaus gelangen die nicht aufgenommenen Bestandteile in Bäche, Flüsse und Seen und schließlich ins Meer. Sobald der Dünger seinen Weg in die natürlichen Gewässer gefunden hat, erhöht sich dadurch das Algenwachstum, welches wiederum den Sauerstoffgehalt im Wasser für Fische und andere Meerestiere verringert.

Diese Stoffe, die durch den Wasserkreislauf in die Ozeane gelangen, sind eine steigende Bedrohung für die Weltmeere. Bereiche mit sehr niedrigem bis keinem Sauerstoffgehalt werden als »Todeszone« bezeichnet. Im Jahr 2017 stellten Wissenschaftler fest, dass die Todeszone im Golf von Mexiko 14124 Quadratkilometer misst; die durchschnittliche Größe fünf Jahre zuvor betrug 9344 Quadratkilometer. Dies ist das Ergebnis der Nährstoffbelastung, die vor allem aus der Landwirtschaft stammt und über den Mississippi den Golf von Mexiko erreicht. Es gibt viele weitere Todeszonen in den Weltmeeren – im Schwarzen Meer, im Golf von Oman, im Indischen Ozean – und auch in der deutschen Ostsee. Alle diese Todeszonen haben sich in den letzten Jahren permanent und enorm ausgedehnt – den Meeren geht wortwörtlich die Luft aus.

Pestizide umfassen etwa 1600 verschiedene Chemikalien und werden vor allem in der Landwirtschaft eingesetzt, wodurch Ernteerträge maximiert werden sollen. Aber auch im Wald wird gespritzt, um zum Beispiel Bäume vor dem Befall von Borkenkäfern zu schützen. Städte und Gemeinden halten mit Pestiziden ihre Parks und Wege krautfrei und auch Hobbygärtner setzen gerne diverse Pflanzenkiller ein. Pestizide werden nach »Ziel-Organismen« eingeteilt, so wird unterschieden in Insektizide (gegen Insekten), Herbizide (gegen Pflanzen), Fungizide (gegen Pilze) und andere. Unsere Lebenswelt ist also voller Gift – wie wirkt sich das aus?

AUSWIRKUNGEN DER PESTIZIDE AUF DIE TIERWELT

→ **Bienen**

Ohne Bienen würden wir Menschen uns schwertun genügend Lebensmittel zu produzieren, denn ein Drittel dessen, was wir aus der Natur ernten, hängt von der Bestäubung durch Bienen ab. Seit Ende der 1990er-Jahre ist ein massives Sterben der Bienenvölker zu verzeichnen, was eindeutig auf Pestizide zurückzuführen ist, die in der Landwirtschaft verwendet werden. Pestizide machen Insekten träge und greifen ihr zentrales Nervensystem an, worunter ihre Mobilität und Navigation leiden, ebenso wie Fortpflanzung und Entwicklung. Letztendlich sorgen Pestizide fürs Absterben der Bienenvölker. Es gibt jedoch einen Hoffnungsschimmer – seit April 2018 gibt es ein EU-Teilverbot von Insektiziden. Der Einsatz von drei Insektengiften, sogenannten Neonikotinoiden, ist auf Äckern verboten worden, um Bienenvölker europaweit zu schützen.

→ **Vögel**

Pestizide haben Auswirkungen auf den Gesang der Vögel. Das führt dazu, dass die Tiere ihre Paarungsrufe nicht richtig ausführen und sie sich schlechter fortpflanzen können.

→ Amphibien
Pestizide verursachen bei einer wachsenden Anzahl von Fröschen Mutationen und Deformationen.

→ Wale, Delfine und Robben
Pestizide, die in den Wasserkreislauf gelangen, schwächen das Immunsystem vieler Meerestiere.

→ Menschen
Pestizide können den menschlichen Hormonhaushalt stören und das Nervensystem in Mitleidenschaft ziehen.

EINES TAGES WERDEN WIR
MIT UNVERSTÄNDNIS AUF
DIESES DUNKLE ZEITALTER
DER LANDWIRTSCHAFT
ZURÜCKBLICKEN. WIE
KONNTEN WIR JEMALS
ANNEHMEN, ES KÖNNTE
EINE GUTE IDEE SEIN,
UNSERE NAHRUNG MIT
GIFT ANZUBAUEN?!

Jane Goodall

INDUSTRIELLE LANDWIRTSCHAFT UND WASSER – DIE SCHÄDEN

Bewässerung, auch bezeichnet als die »Anwendung kontrollierter Wassermengen auf Bodenerzeugnisse in der Landwirtschaft«, ist einer der Hauptfaktoren für die negativen Auswirkungen der Nahrungsmittelproduktion auf die Umwelt. Weltweit entfallen schätzungsweise 70 Prozent des Wasserverbrauchs auf die Landwirtschaft und 30 Prozent auf den Industrie- und Kommunalbereich. Der Bedarf an Wasser übersteigt mittlerweile oftmals das Wasserangebot, viele Grundwasserspeicher trocknen schneller aus, als sie sich wieder auffüllen können. Die Fakten sprechen auch hier für sich: In den Vereinigten Staaten werden schätzungsweise 2,2 Billiarden Liter Wasser verwendet, um Mais zu produzieren, der allein für die Ernährung der US-Viehbestände notwendig ist.

Während Bewässerung einerseits eine kurzfristige Hilfe für zu trockene Flächen bedeutet, schädigt sie andererseits den Boden langfristig etwa durch Wasserstau und Versalzung. Die Welternährungsorganisation hat festgestellt, dass etwa 46 Prozent der bewässerten Böden der Welt von diesen beiden Problemen betroffen sind.

LANDWIRTSCHAFT UND ENERGIE – DIE SCHÄDEN

Die Lebensmittelindustrie ist einer der größten Verbraucher fossiler Brennstoffe. Produkte müssen den Weg von A nach B, von der industriellen Herstellung bis zum Endverbraucher, vom Produktionsort bis in den Supermarkt zurücklegen. Verarbeitung, Verpackung und Transport verursachen 20 Prozent der Treibhausgasemissionen.

Studien gehen davon aus, dass amerikanische Fertiggerichte durchschnittlich etwa 2400 Kilometer zurücklegen, bevor sie auf dem Teller des Konsumenten landen. Wenn Obst und Gemüse außerhalb der regionalen Saison nachgefragt bzw. in einer bestimmten Region der Welt gar nicht erst angebaut werden, machen sich diese Produkte sogar auf eine Reise von bis zu 3800 Kilometern.

Ein weiterer Grund für den enormen Energieverbrauch ist die Herstellung von Tierfutter, welches für die industrielle Fleischproduktion benötigt wird. Die Umwandlung von Getreide in Fleisch ist äußerst energieintensiv und das Verhältnis von Input und Output befindet sich in einer Schieflage. Im Durchschnitt werden sieben Kilogramm Getreide benötigt, um ein Kilogramm Rindfleisch oder vier Kilogramm Schweinefleisch oder etwas mehr als zwei Kilogramm Hühnerfleisch zu erzeugen. In den USA werden jährlich rund 10,9 Milliarden Kilogramm Rindfleisch produziert, wofür 76,3 Milliarden Kilogramm Getreide erforderlich sind. Anders gesagt: 85 Prozent des weltweit produzierten Getreides wird für die Fleischproduktion verwendet.

WIR SOLLTEN ALLE UNSERE EIGENE NAHRUNG ANBAUEN UND UNSEREN EIGENEN MÜLL VERARBEITEN. WIR SOLLTEN ES WIRKLICH TUN.

Bill Gates

WIE SCHÄDIGEN MASTBETRIEBE DIE UMWELT?

Ein Großteil der Tiere für den weltweiten Markt wird in Mastbetrieben gehalten, in denen die Produktion hochgradig maximiert ist. Inzwischen hat die Fleischproduktion durch Massentierhaltung die Produktion in traditioneller Tierhaltung längst übertroffen. Dies liegt an dem riesigen Fleischbedarf der Menschheit. Dabei entstehen gewaltige Mengen an tierischen Exkrementen, an Gülle – eine weitere Belastung für die Umwelt. Da die Tiere von ihrem natürlichen Lebensraum getrennt sind, werden ihre Exkremente nicht nur vorteilhaft zur Düngung der Felder benutzt, sondern in viel zu großen Mengen auf Weiden entsorgt. Diese Abfälle sind Umweltbelastungen, da sie schädliche Gase wie Methan, Schwefelwasserstoff und Ammoniak freisetzen, die wiederum den Treibhauseffekt unterstützen und somit zur globalen Erwärmung beitragen. Wenn diese Art von Dünger in den natürlichen Wasserkreislauf gelangt, schädigt das die Ökosysteme erheblich.

ABHOLZUNG
DER WÄLDER

WAS BEDEUTET »ENTWALDUNG«?

Um es neutral zu formulieren: Entwaldung ist die Umwandlung von Waldflächen in andere Formen der Landnutzung. De facto werden (Misch-)Wälder und tropische Regenwälder in großem Stil gerodet, um die entstehenden Flächen für nicht forstliche Zwecke zu nutzen bzw. mit den entstehenden Arealen Profit zu machen. Neben der Umwandlung der Flächen werden die abgeholzten Bäume zudem für Baumaterialien verwendet oder als Brennstoff verkauft. Das so entstandene Land wird meist in monokulturelles Ackerland umgewandelt, auf dem wächst, was sich rentabler vermarkten lässt. Obwohl der Mensch weltweit als Ursache Nr. 1 für den Großteil des Holzabbaus verantwortlich ist, tragen auch Faktoren wie Waldbrände und Überweidung zum Verschwinden der Wälder bei.

WIE HOCH IST DIE UMWELTBELASTUNG DURCH DIE ENTWALDUNG?

Der offensichtlichste Effekt durch das Verschwinden der Wälder ist die steigende Freisetzung von Kohlendioxid in die Erdatmosphäre. Die Wälder der Welt speichern derzeit etwa 280 Milliarden Tonnen Kohlendioxid. Mit jedem Baum, der gefällt wird, ist dieser Stoff ein bisschen weniger akkumuliert und gelangt dadurch in stärkerem Maß in die Erdatmosphäre. Dieser Prozess verstärkt den Treibhauseffekt erheblich – neben der Verbrennung fossiler Brennstoffe ist die Rodung der Wälder die zweitgrößte Hauptursache für die globale Erwärmung. Entscheidend ist, dass Bäume nicht nur große Mengen an Treibhausgasen aus der Atmosphäre aufnehmen, sondern dass sie gleichzeitig auch Sauerstoff zurück in die Luft abgeben. Ohne Wälder auf dem Planeten würde der Kohlendioxidden Sauerstoffgehalt übersteigen und das Leben auf der Erde wäre nicht mehr in der Lage, sich selbst zu erhalten. Eine weitere große Auswirkung durch Abholzung ist die Zerstörung von pflanzlichen und tierischen Lebensräumen. Achtzig Prozent der Flora und Fauna sind auf Wälder und Regenwälder als Ökosystem angewiesen. Sollten die Tiere nicht bereits beim Kahlschlag getötet worden sein, ist es sehr unwahrscheinlich, dass sie sich an einen neuen Lebensraum anpassen können, nachdem ihr ursprünglicher zerstört worden ist.

Rodung wirkt sich zudem auf den natürlichen Wasserkreislauf aus. Der Schutz durch Blätter und Wipfel funktioniert wie ein Dach, die Böden werden dadurch ständig feucht und nährstoffreich gehalten. Ohne den Schutz der Bäume vor der Sonneneinstrahlung trocknen die Böden schneller aus, und wenn sie nicht anderweitig genutzt werden, verwandeln sich die ungeschützten Areale in unfruchtbare Wüsten.

→ Fast die Hälfte der tropischen Regenwälder der Welt wurden bereits teilweise oder vollständig abgeholzt, dennoch bieten sie sechs bis sieben Prozent der weltweiten Tier- und Pflanzenwelt eine Lebensgrundlage.

→ In Indien wurden zwischen 2013 und 2017 dreizehn Baumarten als gefährdet oder stark gefährdet eingestuft.

WIE KONNTE ES SO WEIT KOMMEN, DASS DIE RODUNG DER WÄLDER ZU EINEM GLOBALEN PROBLEM WURDE?

Die Weltbevölkerung wuchs in den letzten hundert Jahren exponentiell. Schwellenländer wurden zu Industrienationen, der Reichtum des Einzelnen wuchs und damit änderten sich sukzessive individuelle Bedürfnisse, auch nach Konsum. Die folgende Liste enthält die wichtigsten Ursachen für die Zerstörung der Wälder:

→ **Landwirtschaftliche Industrie**
Mit einer wachsenden Bevölkerung steigt die Nachfrage nach Nahrungsmitteln und Rohstoffen. Der Anbau von Zuckerrohr, Soja und Palmöl ist die Hauptursache für die Abholzung der Wälder. Die Produktion dieser drei Rohstoffe belastet die Umwelt – Palmöl zum Beispiel emittiert Kohlendioxid, da die Pflanzung Torfböden zersetzt. Das Verbrennen von Zuckerrohr verursacht zudem gesundheitsschädliche Luftverschmutzung.

→ **Viehzucht**
Brasilien ist einer der weltweit führenden Rindfleischexporteure und hat dafür im Amazonas-Regenwald eine Fläche von der Größe Italiens gerodet. Nach Angaben von Forschern ist der Viehbestand zwischen 1993 und 2013 im Amazonasgebiet um 200 Prozent angestiegen und erreichte die Zahl von insgesamt fast 60 Millionen Tieren. Wenn die Nachfrage nach Fleisch wächst, wirkt sich dies wiederum

auf den Bedarf nach mehr Land für die Viehzucht sowie Getreide als Futter für die Mast aus – ein Kreislauf.

→ Illegale Rodung der Wälder

Mit der Einführung neuer Vorschriften zur Verringerung und Wiederaufforstung von Waldflächen wird der illegale Holzabbau immer offensichtlicher. Studien zeigen, dass bis zu 28 Prozent der Holzexporte der EU rechtswidrig sein könnten.

→ Infrastruktur

Die fortschreitende Globalisierung braucht immer neue Straßen und Transportwege, sodass riesige Waldflächen für den Bau von Infrastruktur vernichtet werden – allein dieser Umwälzungsprozess macht zehn Prozent der weltweiten Waldrodung aus. Weitere zehn Prozent des weltweiten Gesamtbeitrags zur Entwaldung sind auf die Urbanisierung zurückzuführen, die durch den Bau dieser neuen Straßen entsteht.

→ Hüttenwesen

Der Bergbau macht allein sieben Prozent der Waldrodungen in Asien, Afrika und Lateinamerika aus. Waldflächen sind oft reich an Mineralien und Bodenschätzen wie beispielsweise Gold, Coltan, Diamanten, Uran, Mangan und Kupfer. Ihre Gewinnung zieht die großflächige Zerstörung der Waldbestände nach sich.

→ Produktion von Brennholz und Holzkohle

In den Tropen, insbesondere in Entwicklungsländern, werden jährlich rund 1,4 Milliarden Kubikmeter Brennholz und 40 Millionen Tonnen Holzkohle verbraucht bzw. produziert.

ES IST BEUNRUHIGEND, DASS VIELE MENSCHEN NICHT ZU ERKENNEN SCHEINEN, WAS MIT DER UMWELT GESCHIEHT, WAS DIE ERDERWÄRMUNG SOWIE DER VERLUST VON LEBENSRÄUMEN UND DER ARTENVIELFALT BEDEUTEN.

Joanne Woodward

WIE WIRKT SICH PALMÖL AUF UMWELT UND TIERWELT AUS?

Palmöl ist ein billiger und vielseitiger Rohstoff, der in etwa 40 bis 50 Prozent unserer Haushaltswaren vorkommt, von Speiseöl, Seifen, Kosmetik bis hin zu Müsli. Diese nützliche, aber durchaus nicht umweltfreundliche Substanz ist eine der Hauptursachen für die Abholzung der Wälder in Indonesien und Malaysia, wo stündlich Regenwaldflächen in der Größe von 300 Fußballfeldern abgeholzt werden, um der Anpflanzung von Palmöl zu dienen.

Während eine große Anzahl von Wildtieren durch Waldrodung betroffen ist, ist der Orang-Utan die am meisten bedrohte Tierart. In Borneo und Sumatra werden jedes Jahr etwa 1000 bis 5000 Orang-Utans getötet. Etwa 90 Prozent ihrer Lebensräume wurden in den letzten 20 Jahren zerstört, um den Bedarf an Palmöl zu decken. Wird Palmöl zu einem Biokraftstoff verarbeitet, erzeugt die Herstellung große Mengen an Rauch, da Holz und Unterholz verbrannt werden, um Platz für die Plantagen zu schaffen: Dies hinterlässt einen fünfmal größeren CO_2-Fußabdruck als Diesel.

PALMÖL –
DER VERBORGENE ZUSATZSTOFF

Eine überraschende Anzahl gängiger Waren wie etwa Lippenstifte, Instantnudeln, Waschmittel, Eis, Kekse und verpacktes Brot enthalten Palmöl. Auch wenn man sich noch so aufmerksam die Verpackung der Produkte ansieht, auf der per Gesetz alle Zutaten angegeben sein müssen, ist es für den Verbraucher oft schwierig zu beurteilen, welches Produkt tatsächlich mit Palmöl hergestellt wurde. Die Substanz verbirgt sich nämlich hinter einer Reihe unterschiedlicher Bezeichnungen:

Pflanzenöl, Pflanzenfett, Palmkern, Palmkernöl, Palmfruchtöl, Palmitat, Palmolein, Glycerin Stearat, Stearinsäure, Elaeis Guineensis, Palmitinsäure, Palmstearin, Palmitoyl Oxostearamide, Palmitoyl Tetrapeptide-3, Natriumlaurylsulfat, Natriumkernelat, Natriumpalmenkernelat, Natriumlauryllactylat, hydrierte Palmglyceride, Ethylpalmitat, Octylpalmitat oder Palmitylalkohol.

NATÜRLICHE HEILMITTEL UND ABHOLZUNG DER WÄLDER

Täglich werden Tausende von Substanzen aus Pflanzen und Tieren zur Herstellung von Medikamenten genutzt. Im Jahr 2014 war die Pharmaindustrie mehr als eine Billion US-Dollar wert. In einigen Ländern sind bis zu 80 Prozent der Menschen täglich auf Medikamente angewiesen. Fünfzigtausend bekannte Heilpflanzen gibt es auf der Welt, von denen wiederum 50 Prozent Hauptbestandteil von Medikamenten sind. Durch die weltweite Abholzung sind jedoch rund ein Fünftel dieser Pflanzen vorm Aussterben bedroht. Einige der – aufgrund der pharmazeutischen Nachfrage – am häufigsten gefährdeten Arten sind:

➜ Tetu Lakha (*Nothapodytes foetida*) – Dieser kleine Baum kommt in Regenwäldern Südindiens und Sri Lankas vor und der gewonnene Wirkstoff wird überwiegend für Krebsmedikamente eingesetzt.

➜ Costus oder Kusta (*Saussurea lappa*) – Ein in Indien vorkommendes Kraut. Seine Wurzel wird für Medikamente gegen chronische Hauterkrankungen gebraucht.

➜ Yellow Himalayan Fritillary (*Fritillaria cirrhosa*) – Eine in China heimische Lilie, die zur Behandlung von Atemwegsinfektionen verwendet wird.

WIR ZERSTÖREN DIE GRÖSSTE APOTHEKE DER WELT. ES WÄRE SEHR WICHTIG, DASS WIR – BEI ALLEM, WAS WIR TUN – DEN REGENWALD SCHÜTZEN.

Chris Kilham

WIE KÖNNEN WIR MEDIKAMENTE NACHHALTIGER PRODUZIEREN?

Wirksame Medizin ist in unser aller Leben unerlässlich. Es wäre dennoch sinnvoll, die Produktion von Medikamenten insgesamt zu reduzieren. Das größte Problem liegt nämlich darin, wie Pharmaunternehmen die Naturstoffe beziehen. Nach Forschungsergebnissen werden schätzungsweise zwei Drittel der fünfzigtausend verwendeten Heilpflanzen direkt aus der Natur geerntet und nicht wieder nachgepflanzt. Allerdings ist das nicht überall so: In Deutschland werden rund 75 verschiedene Heilpflanzen auf 13 000 Hektar erwerbsmäßig angebaut.

Um die Branche dennoch nachhaltiger zu gestalten, muss man die Steuerung des Arzneimittelanbaus effizienter machen sowie die Anbau- und Züchtungsforschung stärker unterstützen. In Deutschland gibt es dazu bereits einige Forschungsprogramme. Sie sind wichtig, denn viele Heilpflanzen dieser Erde verschwinden klammheimlich, weil für ihre ausreichende Nachzüchtung nicht gesorgt ist. Die stark nachgefragte Heilpflanze Ashwagandha *(Withania somnifera)* aus Indien hat beispielsweise einen großen Rückgang des Erntevolumens zu erleiden. Es müssen Lösungen gefunden werden, um den langfristigen Schutz dieser und anderer gefährdeter Pflanzen zu gewährleisten – zum Beispiel durch Erforschung von Alternativstoffen oder die industrielle Nutzung der kompletten Pflanze anstelle nur eines kleinen Teils. Anbau und Ernte ohne Beeinträchtigung des natürlichen Milieus – so werden Ökosysteme und Arzneimittelindustrie gleichermaßen nachhaltiger.

UNSER PLANET IST UNSER ZUHAUSE, UNSER EINZIGES ZUHAUSE. WO SOLLEN WIR DENN HINGEHEN, WENN WIR IHN ZERSTÖREN.

Dalai Lama

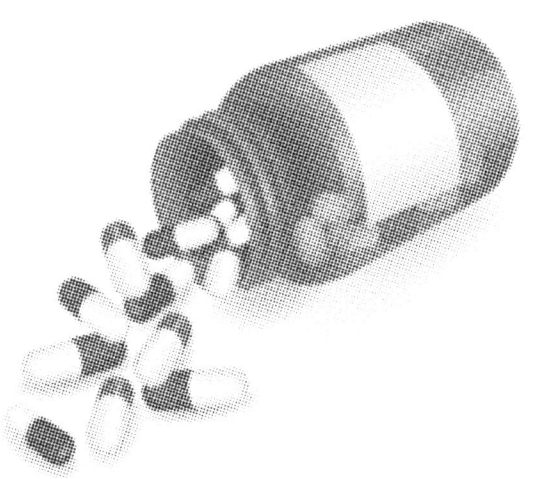

WER BÄUME PFLANZT, LIEBT NICHT NUR SICH SELBST, SONDERN AUCH ANDERE.

Thomes Fuller

WELCHE MASSNAHMEN GIBT ES, DIE WELTWEITE WALDRODUNG ZU VERHINDERN?

→ Die internationale Organisation »Sustainable Land-scapes Partnership« (SLP) unterstützt weltweit 5500 Landwirte bei der Verbesserung der Qualität und Quantität kommerzieller Rohstoffe wie Gummi, Kakao und Kaffee.

→ Auch wenn der Regenwald noch immer abgeholzt wird, es gibt einen Lichtblick: Brasilien hat Rodungen zwischen 2004 und 2013 im Rahmen des »ARPA-Pro-gramms« (»Amazon Regional Protected Areas«) um 70 Prozent reduziert. Das Programm schützt fast 70 Millionen Hektar des Amazonas-Regenwaldes, das 15-mal so groß ist wie Deutschland und rund zehn Prozent aller auf der Welt lebenden und vor-kommenden Tier- und Pflanzenarten beherbergt.

→ »Die große grüne Mauer« ist eins der größten jemals unternommenen Aufforstungsprojekte der Welt. Als Maßnahme gegen fortschreitende Desertifikation – also gegen die Ausbreitung von Wüsten – wird es im Norden Chinas bereits seit 1978 durchgeführt. Seit 2009 wurden dadurch 5,9 Millionen Hektar Wald an-gelegt.

→ Regierungen, Unternehmen und zivilgesellschaft-liche Organisationen haben 2014 die »New York Declaration on Forests« (NYDF) unterzeichnet. Das Programm hat unter anderem diese Ziele:

→ Das weltweite Verschwinden der Wälder muss bis 2020 mindestens halbiert und bis 2030 beendet sein.

→ Durch Aufforstung und Wiederherstellung von Wäldern und Ackerflächen, die der Größe Indiens entsprechen, will man der weltweiten Zerstörung der Wälder entgegenwirken.

→ Waldrodungen sollen bis 2020 für bestimmte landwirtschaftliche Produktionsgüter wie Palmöl, Soja, Papier und Rindfleischprodukte verhindert werden.

→ Wenn alle Ziele erreicht werden, könnten die CO_2-Emissionen bis 2030 um 4,5 Milliarden bis 8,8 Milliarden Tonnen pro Jahr reduziert werden.

WELT-
BEVÖLKERUNG

FAKTOR MENSCH

Menschen haben Kunststoffe erfunden, haben erkannt, dass fossile Brennstoffe zur Energiegewinnung genutzt werden können, sind von der Jagd zur Landwirtschaft übergegangen und haben Wege gefunden, natürliche Ressourcen in Waren umzuwandeln. Der Mensch beherrscht die Erde, schon allein zahlenmäßig und, sollte man annehmen, auch durch seinen Verstand. Doch unter der menschlichen Gier und dem Profitstreben leidet die Welt – bedeutet das die Zerstörung unseres Planeten und den Untergang unserer Spezies?

STEIGENDE WELTBEVÖLKERUNG

Der Bedarf an Energie, Nahrung, Wasser und Rohstoffen wächst in alarmierender Weise aufgrund des exponentiellen Anstiegs der Weltbevölkerung. Die Menschheit nahm ihren Anfang vor ca. zweihunderttausend Jahren, vor zehntausend Jahren war die Weltbevölkerung auf eine Million angewachsen, im Jahr 1800 auf eine Milliarde. Bis 1960 wuchs sie auf drei Milliarden an und hat sich in den wenigen Jahrzehnten seither mehr als verdoppelt – auf über sieben Milliarden Menschen. Und damit nicht genug: Studien gehen davon aus, dass die Weltbevölkerung bis 2050 auf erstaunliche neun Milliarden Menschen angewachsen sein wird.

ERST WENN DER LETZTE BAUM GERODET, DER LETZTE FLUSS VERGIFTET UND DER LETZTE FISCH GEFANGEN IST, WERDET IHR FESTSTELLEN, DASS MAN GELD NICHT ESSEN KANN.

Weisheit der Cree

WIE SCHÄDIGT DIE MENSCHHEIT DEN PLANETEN?

→ Die Art und Weise, wie wir leben, trägt in erster Linie zum Klimawandel bei – seit 1998 wurden zehn der wärmsten Jahre seit Beginn der Datenerhebung erfasst.

→ Wasserverschwendung findet jederzeit und überall statt: Für die Befüllung einer 1-Liter-Flasche Wasser werden in der Produktion rund 3 Liter Wasser verschwendet; eine Tasse Kaffee benötigt – nur für die Kaffeebohnen – 100 Liter; für jeden produzierten Burger werden 3000 Liter Wasser verbraucht.

→ Urbanisierung vernichtet die Natur: 19 Städte in Brasilien haben sich in den letzten zehn Jahren flächenmäßig verdoppelt, allein zehn davon liegen im Amazonasgebiet. Bis 2050 werden schätzungsweise 70 Prozent der Weltbevölkerung in bestehenden oder neuen Städten leben.

→ Der Energieverbrauch der Haushalte verursacht 60 Prozent der globalen Treibhausgasemissionen und 50 bis 80 Prozent des gesamten Land-, Material- und Wasserverbrauchs.

DER MENSCH IST EIN TEIL DER NATUR – SEIN KAMPF GEGEN DIE NATUR IST ZWANGSLÄUFIG EIN KAMPF GEGEN SICH SELBST.

Rachel Carson

DER MENSCH UND SEIN KONSUMVERHALTEN

Anstatt mit der Natur fürsorglich umzugehen, zerstören wir sie. Die Modeindustrie missbraucht und schlachtet Tiere; in der Kosmetikindustrie und zur Erforschung neuer medizinischer Präparate werden Tiere für Versuche missbraucht; für eine seltsame Delikatesse, die manchmal nur aus einem winzigen Teil ihres Körpers besteht, werden sie getötet, in der Massentierhaltung gequält.

Hier sind einige der Tierarten, die aufgrund unseres Konsumverhaltens auf der Liste der gefährdeten Arten stehen:

→ Die Population der Karettschildkröte ist im letzten Jahrhundert weltweit um schätzungsweise 80 Prozent zurückgegangen. Aufgrund ihres Fleisches, aber besonders wegen des Schildpatts wurde sie intensiv gejagt und steht durch das Washingtoner Artenschutzabkommen unter internationalem Schutz.

→ Jedes Jahr werden etwa 73 Millionen Haie getötet, um die sogenannte Luxus-Haifischflossensuppe herzustellen, die besonders in Asien sehr beliebt ist. Nachdem die Flosse den noch lebenden Tieren abgeschnitten wurde, werfen die Fischer die Haie zurück in den Ozean, wo sie verbluten bzw. manövrierunfähig auf den Meeresgrund sinken und verenden.

→ Das größte lebende Säugetier der Welt, der Blauwal, könnte bald nicht mehr existieren. Insgesamt wird geschätzt, dass zweihunderttausend Blauwale in der ersten Hälfte des 20. Jahrhunderts getötet wurden; nur noch rund drei- bis fünftausend Blauwale leben in den Meeren.

→ Durch die kommerzielle Überfischung der Ozeane stehen viele Meerestiere auf der Liste der gefährdeten Arten, darunter die Hawaii-Mönchsrobbe, der Fraser-Delfin oder der Kalifornische Schweinswal, auch Vaquita genannt.

→ Über 75 Millionen Tiere werden jedes Jahr wegen ihres Fells getötet. Zusätzlich benötigt die Herstellung eines Pelzkleidungsstücks die 20-fache Energie im Vergleich zu einem Kleidungsstück, welches mit oder aus Kunstpelz hergestellt ist.

→ Von 2007 bis 2014 stieg die Zahl der in Südafrika gewilderten Nashörner um 9000 Prozent; 2017 wurden allein in Südafrika 1028 Nashörner getötet.

GIBT ES EINEN AUSWEG?

Das Grundproblem liegt auf der Hand: Es leben zu viele Menschen auf dieser Erde. Die folgerichtige, aber unrealistische Lösung wäre, die Geburtenrate weltweit zu begrenzen. Moralisch und ethisch ist dieser Schritt jedoch undenkbar – es liegt in unserer genetischen Kodierung, uns zu reproduzieren, und keine Demokratie der Welt kann uns dieses Recht absprechen. Die einzig realistische Möglichkeit, den Schaden für den Planeten durch die Menschen und ihren Massenkonsum zu begrenzen, ist, den Verbrauch jedes Einzelnen zu reduzieren. Brauchen wir wirklich immer das neueste Handy oder können wir das aktuelle Modell länger nutzen, da es eh noch perfekt funktioniert? Muss die Zentralheizung eingeschaltet sein, weil man im Winter in der Wohnung im T-Shirt herumlaufen will? Ist es notwendig, wenn der Kleiderschrank schon voll ist, neue Kleidung zu kaufen? An der die Preisschilder manchmal noch ewig hängen?

Die industrielle und globalisierte Gesellschaft hat uns dahingehend geprägt, nach dem zu streben, was wir (noch) nicht haben. Und wir alle sind dafür verantwortlich, diesen Denkansatz zu überwinden. Wenn jeder Einzelne seinen Lebensstil ein Stück weit umstellt, etwas umweltfreundlicher lebt, können wir einige Entwicklungen noch zum Positiven wenden – aber dafür ist es höchste Zeit.

DIE GRÖSSTE GEFAHR FÜR UNSEREN PLANETEN IST DER GLAUBE, DASS JEMAND ANDERES IHN RETTEN WIRD.

Robert Swan

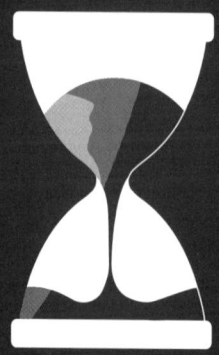

WIE KÖNNEN WIR UNSERE CO_2-BILANZ VERBESSERN?

WIRTSCHAFT UND UNTERNEHMEN

WIE KÖNNEN ARBEITGEBER PLASTIKMÜLL VERRINGERN?

→ Bieten Sie Mitarbeitern kostenloses Leitungswasser in Büro-Wasserspendern an; wenn Ihr Unternehmen öffentlich zugänglich ist, stellen Sie Trinkwasserspender auch in der Lobby bzw. im Empfangsbereich auf – dies reduziert die Menge gekaufter Kunststoffflaschen.

→ Versuchen Sie, nicht so häufig, aber dafür in größeren Mengen Bestellungen zu tätigen, um Verpackungs- und Kraftstoffemissionen zu reduzieren.

→ Achten Sie bei Bestellungen auf die Produktverpackungen. Einige Hersteller haben ihre Waren besser gestaltet und die Verpackung bewusst reduziert, um den Kunststoffabfall zu minimieren – unterstützen sie diese Maßnahme durch Ihre Kaufentscheidung.

→ Verwenden Sie für Drucker und Kopierer recycelbare Tonerkartuschen und senden Sie diese zum Recycling zurück.

→ Beenden Sie Abonnements gedruckter Zeitungen und Zeitschriften und stellen Sie sie den Mitarbeitern stattdessen elektronisch zur Verfügung.

→ Kaufen Sie gebrauchte Büromöbel und -ausstattungen. Spenden Sie Möbel und Geräte, die nicht mehr in Gebrauch sind, an eine Organisation, die sich um die Wiederverwertung kümmert.

→ Stellen Sie Ihren Mitarbeitern Trinkgläser und Tassen anstelle von Plastikbechern zur Verfügung.

→ Stellen Sie den Mitarbeitern einen Bereich mit Koch- und Lagermöglichkeiten wie z. B. Mikrowelle und Kühlschrank für die Zubereitung von Speisen zur Verfügung. Ermutigen Sie Ihre Mitarbeiter Lebensmittel von zu Hause in Mehrwegbehältern mitzubringen.

→ Wiederverwenden Sie Verpackungen, die an Sie versandt wurden.

→ Investieren Sie in technische Geräte, die hochwertig und dadurch langlebig sind.

DIE GRÖSSTE BEWÄHRUNGSPROBE FÜR DAS GEWISSENHAFTE VERHALTEN IST DIE BEREITSCHAFT, HEUTE ETWAS FÜR ZUKÜNFTIGE GENERATIONEN ZU OPFERN, DEREN DANK UNS NICHT MEHR ZUTEILWIRD.

Gaylord Nelson

REDUZIERUNG DER CO_2-BILANZ
VON UNTERNEHMEN

➜ Fliegt man erster Klasse, hinterlässt man einen neunmal so großen CO_2-Fußabdruck wie bei einem Economy-Flug. Buchen Sie deshalb Tickets der Economy-Klasse anstelle der First- oder Business-Klasse, insbesondere wenn es sich um einen Kurzstreckenflug handelt.

➜ Halten Sie virtuelle Meetings oder Telefonkonferenzen ab, anstatt weite Wege zu aushäusigen Konferenzen zurückzulegen.

➜ Bieten Sie genügend Fahrradständer an, um das Personal zu ermutigen mit dem Fahrrad zu fahren.

➜ Nutzen Sie verantwortungsbewusste und regionale Lieferanten und Hersteller.

➜ Integrieren Sie ein Carsharing-Programm in Ihr Unternehmen bzw. fördern Sie die Nutzung durch Ihre Mitarbeiter.

➜ Benutzen Sie sparsame Lichtquellen und lassen Sie regelmäßig die Kühl- und Heizungssysteme überprüfen.

➜ Installieren Sie Bewegungssensoren, um den Stromverbrauch effizient zu steuern.

➜ Ermutigen Sie Ihr Team Computer und elektrische Geräte am Ende des Tages auszuschalten, einschließlich Wasserkocher, Mikrowellen usw.

➜ Stellen Sie die Computer in den Energiesparmodus.

➜ Erhöhen Sie die Anzahl der Homeoffice-Arbeitstage der Mitarbeiter pro Jahr und mindern Sie somit Emissionen durch die verringerte Mobilität.

→ Kaufen Sie ein Programm oder eine Software, die Energie- und Kosteneinsparungen messen kann.

→ Ändern Sie Ihre Thermostateinstellungen außerhalb der Arbeitszeiten.

→ Richten Sie fleischfreie Tage, sogenannte Veggie-Days, in der Kantine ein.

→ Sammeln Sie unter den Mitarbeitern Bestellungen, um große Mengen Früchte aus der Region anliefern zu lassen.

BLEIBEN SIE AM PULSSCHLAG DER NATUR ... MACHEN SIE SICH AB UND ZU AUF DEN WEG, BESTEIGEN SIE EINEN BERG ODER VERBRINGEN SIE ZEIT IM WALD. REINIGEN SIE IHREN GEIST.

John Muir

ABHOLZEN DER WÄLDER VERRINGERN

→ Kompensieren Sie Ihre Papierabfälle, indem Sie Geld für das Pflanzen von Bäumen bei zuständigen Organisationen spenden.

→ Überlegen Sie, bevor Sie ein Dokument oder eine E-Mail ausdrucken, ob das wirklich nötig ist.

→ Versuchen Sie eine Woche lang kein Papier zu benutzen.

→ Stellen Sie beidseitiges Drucken als Standardeinstellung ein.

→ Wenn Sie oder Ihre Mitarbeiter ein Dokument ausdrucken, formatieren Sie es vorher so, dass mehr auf eine DIN-A4-Seite passt, und drucken Sie es beidseitig aus.

→ Melden Sie unerwünschte Junk-Mails, Zeitungen und Zeitschriften ab.

→ Gebrauchtes Papier kann zerkleinert und als Verpackungsmaterial verwendet werden.

→ Stellen Sie eine Recycling-Box neben jeden Drucker.

→ Kaufen Sie nur chlorfrei gebleichtes oder Recycling-Papier.

→ Stellen Sie in den Toiletten Handtücher oder Lufttrockner anstelle von Papierhandtüchern zur Verfügung.

→ Kaufen Sie einen Hektar Regenwald, um zur Schaffung dauerhaft geschützter Naturschutzgebiete beizutragen.

WAS JEDER VON UNS TUN KANN

PLASTIKMÜLL IN PRIVATHAUSHALTEN VERMINDERN

→ Verwenden Sie keine Plastik-Trinkhalme mehr.

→ Kaufen Sie eine wiederverwendbare Flasche, um sie mit Leitungswasser aus dem Wasserhahn zu füllen.

→ Wenn Sie häufig unterwegs Kaffee kaufen, verwenden Sie einen verschließbaren und wiederverwertbaren »Coffee-to-go«-Becher.

→ Kauen Sie (Minz-)Bonbons anstatt Kaugummi.

→ Kaufen Sie Artikel, deren Verpackungen leichter zu recyceln sind.

→ Kaufen Sie Lebensmittel weniger häufig, aber in großen Mengen.

→ Stellen Sie selbst gemachte Reinigungsprodukte her und verwenden Sie die leeren Flaschen wieder – viele Ideen finden sich dazu im Internet.

→ Verwenden Sie einen Rasierer mit austauschbaren Klingen.

→ Kaufen Sie Wattestäbchen mit Papierstielen und entsorgen Sie Wattestäbchen nie in der Toilette.

→ Nehmen Sie Beutel zum Einkaufen mit; vermeiden Sie es, sie im Laden zu kaufen.

→ Vermeiden Sie die Verwendung von Zahnpasta und Kosmetikartikeln, die »Polypropylen« oder »Polyethylen« als Inhaltsstoffe haben.

→ Verpacken Sie Ihr Mittagessen in Mehrwegbehältern.

→ Kaufen Sie uneingepacktes Obst und frisches Brot, um Kunststoffverpackungen zu vermeiden, oder benutzen Sie dafür »Mehrweg-Frischenetze«, die man in Supermärkten kaufen kann.

➜ Verwenden Sie einzelne Seifenstücke anstatt flüssiger Seife in Plastikflaschen.

➜ Kaufen Sie gebrauchte Möbel und Geräte und spenden Sie Gegenstände, die Sie nicht verwenden, an Wohltätigkeitsorganisationen, die diese weitergeben.

WIR KÖNNEN DEN WEG HIN ZUR EINER BESSEREN UMWELT NUR BESCHREITEN, WENN ALLE MENSCHEN MITLAUFEN.

Richard Rogers

REDUZIEREN SIE IHRE CO$_2$-BILANZ

→ Kaufen Sie weniger online und (wieder) häufiger in den Läden bei Ihnen um die Ecke bzw. in Ihrem Viertel.

→ Nutzen Sie Carsharing.

→ Fahren Sie kurze Strecken nicht mit dem Auto, fahren Sie mit dem Rad oder gehen Sie zu Fuß. Wenn möglich, nutzen Sie für längere Fahrten öffentliche Verkehrsmittel.

→ Kaufen Sie vermehrt regionale und/oder biologisch angebaute Produkte, besuchen Sie öfter Lebensmittelmärkte und unterstützen Sie somit Anbieter aus der Region, die frische Produkte anbieten.

→ Überprüfen Sie die Etiketten auf Lebensmitteln und Kleidung darauf, wo sie hergestellt bzw. woher sie bezogen worden sind. Vermeiden Sie Produkte, die in Übersee geerntet oder hergestellt worden sind.

→ Essen Sie weniger Fleisch, besonders rotes Fleisch – Studien deuten darauf hin, dass Veganer eine um 20 Prozent geringere CO$_2$-Bilanz haben als Fleisch-Esser.

→ Dämmen Sie Ihr Zuhause möglichst optimal.

→ Ersetzen Sie alte, ineffiziente Gas- oder Ölkessel.

→ Hängen Sie Ihre Kleidung zum Trocknen auf einen Wäscheständer, anstatt einen Trockner zu benutzen.

→ Kaufen Sie insgesamt weniger – kaufen Sie nur Produkte, die Sie wirklich benötigen.

→ Schalten Sie Geräte und Stecker bei Nichtgebrauch aus, vermeiden Sie einen zu langen Stand-by-Modus von technischen Geräten.

→ Überprüfen Sie für Ihren Haushalt die Nutzung von erneuerbaren Energiequellen wie z. B. Solarmodulen.

DIE ERDE, DIE WIR MISSBRAUCHEN, UND DIE LEBEWESEN, DIE WIR TÖTEN – ALL DAS WIRD SICH AM ENDE RÄCHEN. DADURCH, DASS WIR IHRE GEGENWART AUSBEUTEN, VERRINGERN WIR UNSERE ZUKUNFTSCHANCEN.

Marya Mannes

ABHOLZUNG DER WÄLDER VERHINDERN

→ Unterstützen Sie Kampagnen und gemeinnützige Organisation durch ehrenamtliche Tätigkeit bzw. Spenden – oder betreiben Sie Fundraising.

→ Kaufen Sie Holz und Holzprodukte, die das Label des »Forest Stewardship Council« (FSC) oder »Programme for the Endorsement of Forest Certification Schemes« (PEFC) tragen.

→ Recyceln Sie und kaufen Sie bereits recycelte Produkte.

→ Wechseln Sie zu papierloser Rechnungsstellung.

→ Adoptieren Sie einen Baum.

→ Essen Sie weniger Fleisch – oder eventuell sogar gar keins?! Zur Erinnerung: Wälder werden abgeholzt, um Platz für Vieh zu schaffen.

→ Benutzen Sie elektronische Geräte – insbesondere Mobiltelefone – länger und kaufen Sie neue Produkte nur aus recycelten Materialien.

EINE GESUNDE ÖKOLOGIE IST DIE GRUNDLAGE FÜR EINE GESUNDE WIRTSCHAFT.

Claudine Schneider

QUELLEN

QUELLEN

www.bmu.de
Bundesministerium für Umwelt, Naturschutz und nukleare Sicherheit

www.bmu-kids.de
Seite für Kinder

www.umweltbundesamt.de
Umweltbundesamt

www.bmwi.de
Bundesministerium für Wirtschaft und Energie

www.bund.net
Bund für Umwelt und Naturschutz Deutschland e.V.

www.nabu.de
Naturschutzbund Deutschland

www.bpb.de/gesellschaft/umwelt
Bundeszentrale für politische Bildung

www.greenpeace.de
Greenpeace Deutschland

www.duh.de
Deutsche Umwelthilfe

www.wwf.de
WWF Deutschland

www.vzbv.de
Dachorganisation Verbraucherzentrale Bundesverband
www.vzbv.de/ueber-uns/mitglieder/verbraucherzentralen
Seiten der einzelnen VZs der Bundesländer

www.eskp.de
Wissenschaftsplattform »Erde und Umwelt« des Deutschen GeoForschungsZentrums GFZ

www.destatis.de
Statistisches Bundesamt

https://de.statista.com
Statista – Das Statistik-Portal

www.ipcc.ch
Gremium für Klimaänderung der Vereinten Nationen, Weltklimarat

www.de-ipcc.de
Deutsche IPCC-Koordinierungsstelle

www.deutsches-klima-konsortium.de
Berichte des Weltklimarats

https://utopia.de/umweltschutz
Utopia, Online-Magazin

www.scinexx.de
Scinexx, Wissens-Magazin

www.nachhaltigkeit.info
Lexikon der Nachhaltigkeit

www.carelite.de
Umweltschutzblog

www.co2online.de
Gemeinnützige Beratungsgesellschaft mbH

www.wald.de
Stiftung Unternehmen Wald

www.regenwald.org
Rettet den Regenwald e.V.

www.regenwald-schuetzen.org
Oro Verde, Tropenwaldstiftung

wwww.meeresstiftung.de
Deutsche Meeresstiftung

ww.awi.de
Alfred Wegener Institut Helmholtz-Zentrum für Polar- und
Meeresforschung

www.weltagrarbricht.de
... der Zukunftsstiftung Landwirtschaft

Schweiz und Österreich:

www.oceancare.org
Schweizer Umweltschutzorganisation

www.umweltnetz-schweiz.ch
Stiftung Umweltorganisation Schweiz

https://naturschutzbund.at
Naturschutzbund Österreich

www.umweltbundesamt.at
Umweltbundesamt Österreich

Schottland:

www.nurdlehunt.org.uk
Schottische Organisation macht Jagd auf Plastikteilchen
und jeder kann mitmachen
(»The Great Nurdle Hunt«), mehr Infos:
www.nurdlehunt.org.uk/whats-the-problem.html

EINZELNE ARTIKEL:

www.greenpeace.de/themen/endlager-umwelt/
plastikmuell/10-tipps-fuer-weniger-plastik

Seite des Europäischen Parlaments:
http://www.europarl.europa.eu/news/de/headlines/
society/20181212STO21610/plastikmull-und-recycling-
in-der-eu-zahlen-und-fakten

https://www.spiegel.de/wissenschaft/mensch/
container-havarie-millionen-plastikteilchen-an-
nordseeinseln-angespuelt-a-1257033.html

www.bund.net/meere/mikroplastik/

www.geo.de/natur/nachhaltigkeit/15889-rtkl-rewe-
testet-laser-aufdruck-endlich-kein-bio-gemuese-mehr

https://www.bluhmsysteme.com/blog/obst-und-
gemuese-lasern-netto-zieht-nach/

www.welt.de/wissenschaft/umwelt/article119425284/
Wenn-der-Meeresspiegel-um-66-Meter-steigen-
wuerde.html

https://www.galileo.tv/earth-nature/so-wuerde-
unser-planet-aussehen-wenn-das-eis-der-erde-
komplett-schmelzen-wuerden/

https://vebu.de/tiere-umwelt/umweltbelastung-durch-fleischkonsum/klimawandel-industrielle-landwirtschaft-als-ursache/

Nachhaltigkeitsbericht der Vereinten Nationen von 2018: https://www.un.org/depts/german/pdf/SDG%20Bericht%20aktuell.pdf

EIGENE NACHHALTIGKEITS-IDEEN

EIGENE NACHHALTIGKEITS-IDEEN

EIGENE NACHHALTIGKEITS-IDEEN

Leben, arbeiten und wirtschaften
mit der Natur und nicht mehr
länger gegen die Natur ist
unser großer Lernprozess.

Dalai Lama

EIGENE NACHHALTIGKEITS-IDEEN

Sei du selbst die Veränderung, die
du dir wünschst für diese Welt.

Mahatma Gandhi

EIGENE NACHHALTIGKEITS-IDEEN

_____

_____

_____

_____

_____

_____

_____

_____

_____

_____

_____

_____

EIGENE NACHHALTIGKEITS-IDEEN

_____

_____

_____

_____

_____

_____

_____

_____

_____

_____

_____

EIGENE NACHHALTIGKEITS-IDEEN

Wir leben in einer merkwürdigen
Welt, in der Kinder ihre eigene
Ausbildung opfern müssen, um
gegen die Zerstörung ihrer eigenen
Zukunft zu protestieren.

Greta Thunberg

EIGENE NACHHALTIGKEITS-IDEEN

_____

_____

_____

_____

_____

_____

_____

_____

_____

Nachhaltigkeit bedeutet: es gibt
kein »weiter so«. Wir brauchen für
ein gutes Leben nicht immer mehr
Ressourcen und Energie.

Angela Merkel

EIGENE NACHHALTIGKEITS-IDEEN

EIGENE NACHHALTIGKEITS-IDEEN

_____

_____

_____

_____

_____

_____

_____

_____

_____

_____

_____

EIGENE NACHHALTIGKEITS-IDEEN

Alle wollen die Welt verändern,
aber keiner sich selbst.

Leo N. Tolstoi